W0395630

Piccola Biblioteca Einaudi 37
Nuova serie
Storia e geografia

Titolo originale *What is History?*

Traduzione di Carlo Ginzburg
e, per il saggio di R. W. Davies, di Piero Arlorio

www.einaudi.it

ISBN 978-88-06-15481-3

Edward H. Carr

Sei lezioni sulla storia

Seconda edizione

a cura di R. W. Davies

Piccola Biblioteca Einaudi
Storia e geografia

Indice

Dalle carte di E. H. Carr

Appunti alla seconda edizione di *Sei lezioni sulla storia* *

di R. W. Davies

Negli anni immediatamente precedenti la sua morte (novembre 1982), Carr lavorò a una riedizione sostanzialmente rimaneggiata di *Sei lezioni sulla storia.* Per nulla impressionato dai numerosi incidenti verificatisi sulla via del progresso nei vent'anni trascorsi dalla prima edizione del 1961, Carr scriveva nella nuova prefazione che il suo libro intendeva « spezzare una lancia a favore di una considerazione del futuro non ottimistica, ma, certo, piú assennata ed equilibrata ».

Di questo libro Carr poté redigere unicamente la prefazione. Ma ci è rimasta, tra le sue carte, una scatola voluminosa che contiene, unitamente ad un plico di recensioni e di corrispondenza relative all'edizione del 1961, una mezza dozzina di cartelline marrone recanti i seguenti titoli: Storia in generale; Causalità-Determinismo-Progresso; Letteratura e arte; Teoria della rivoluzione e violenza; Rivoluzione russa; Marxismo e storia; Futuro del marxismo. Carr intendeva lavorare ancora a lungo alla seconda edizione. Nelle cartelline sono infatti riportati numerosi titoli di libri e di articoli da schedare. Esse contengono però anche materiale in fase di

* La presente edizione postuma delle *Sei lezioni sulla storia* inizia con la prefazione di Carr alla progettata seconda edizione dell'opera, per la quale egli aveva raccolto una notevole quantità di materiali, ma che non poté portare a termine a causa della morte, avvenuta nel novembre 1982. In questo saggio introduttivo vengono presentate parti dei materiali in questione e le analisi conclusive contenute in una voluminosa scatola di appunti, annotazioni e abbozzi.

Le parole tra parentesi quadre all'interno delle citazioni di questo capitolo sono mie. Ringrazio Catherine Merridale per l'accuratezza con la quale ha verificato riferimenti e citazioni, e Jonathan Haslam e Tamara Deutscher per i preziosi suggerimenti. Le note di Carr relative alla seconda edizione di *Sei lezioni sulla storia* saranno depositate assieme ai « Carr Papers » nella biblioteca dell'università di Birmingham (novembre 1984).

elaborazione piú avanzata: estratti e ritagli di articoli già suddivisi e ordinati; appunti manoscritti su fogli di diverso formato. Nelle stesse cartelline sono raccolte lettere del carteggio con Isaac Deutscher, Isaiah Berlin, Quentin Skinner e altri: trattano di filosofia e di metodologia della storia, ed evidentemente Carr intendeva attingervi per la nuova edizione. Le annotazioni, dattiloscritte e manoscritte, sono prime stesure di brevi passi e paragrafi. Non c'è alcun piano relativo alla seconda edizione; tuttavia vi si può leggere il seguente appunto:

Smarrimento della storia
Assalti della statistica
Psicologia

Strutturalismo
Smarrimento della letteratura
Linguistica

Utopia ecc.
[un altro foglietto reca:]
« *Ultimo capitolo*
Utopia
Significato della storia »

È probabile che Carr intendesse sia scrivere nuove parti o capitoli relativi ad argomenti trascurati o trattati in maniera insufficiente nella prima edizione, sia ampliare alcuni capitoli di *Sei lezioni sulla storia* tenendo conto delle critiche, articolando, e in qualche caso modificando, le sue precedenti argomentazioni. In presenza di annotazioni e di appunti che spaziano in molteplici direzioni, si è portati a pensare che fosse in gestazione un libro del tutto nuovo sul disagio nostro e del mondo attuale. È comunque certo che Carr intendeva redigere uno o piú capitoli conclusivi – probabilmente rimaneggiando in maniera radicale la lezione sesta intitolata *Verso piú ampi orizzonti* – che avrebbero dovuto illustrare il suo punto di vista sul significato della storia e la sua visione del futuro, rapportati, assai piú direttamente che negli scritti precedenti, alla concreta realtà politica.

Secondo Carr non c'era motivo di modificare quanto sostenuto nelle prime due lezioni sullo storico e i fatti storici, e sulla società e l'individuo. Per esemplificare la falsa pretesa dell'approccio empiristico ai fatti storici, egli cita Roskill, il noto storico della marina, e il suo apprezzamento « degli storici di scuola moderna » che « limitano la propria funzione a mettere insieme e registrare, con accuratezza e imparzialità rigorose, i fatti del periodo preso in esame ». Per Carr, questo genere di storici, ammesso che operino come pretendono, assomigliano al protagonista di un racconto breve dello scrittore argentino Borges intitolato *Funes, o della memoria*. Funes non dimentica mai nulla di quanto visto, sentito, vissuto; tanto da dover riconoscere che, di conseguenza, « la mia memoria è come un deposito di rifiuti ». Funes era « quasi incapace di idee generali, platoniche », e « non molto capace di pensare », dato che pensare è dimenticare certi particolari, generalizzare, operare delle astrazioni[1]. Carr riteneva che l'empirismo dovesse essere bandito dalle scienze storico-sociali, almeno in quanto « convincimento che i problemi possano essere risolti ricorrendo a un metodo avalutativo di tipo scientifico; ossia che esistano una soluzione oggettivamente giusta e un determinato procedimento per raggiungerla, trasferendo in pratica nel campo delle scienze sociali un preteso assunto della scienza ». Carr ricorda che Ranke, quasi sacro agli storici di scuola empirista, era considerato da Lukács un antistorico, nel senso che collezionava eventi, società e istituzioni invece di coglierne lo svolgimento: « la storia – scriveva Lukács – diventa cosí una raccolta di curiosità »[2].

Le annotazioni di Carr si richiamano all'autorità di molti autori per espugnare la cittadella dell'empirismo. Secondo Gibbon la storiografia valida può essere unicamente opera di uno « storico-filosofo » in grado di individuare i fatti che sono al centro di un sistema di relazioni[3]. Del resto Gibbon riconosce esplicitamente il proprio debito nei confronti di Tacito: « il primo storico che ha applicato la filosofia allo studio dei fatti »[4]. E Vico distingueva il *certo* (corretto dal punto di vista di fatto) dal *vero*: il *certo*, oggetto della coscienza è

[1] J. L. BORGES, *Funes, o della memoria*, in *Finzioni*, trad. it. di F. Lucentini, Torino 1985, pp. 103-5.

[2] G. LUKÁCS, *Il romanzo storico*, trad. it. di E. Arnaud, Torino 1977, p. 235.

[3] E. GIBBON, *Essai sur l'étude de la littérature*, 1761.

[4] ID., *Storia della decadenza e caduta dell'Impero romano*, trad. it. di G. Frizzi, Torino 1967, vol. I, cap. IX, p. 199.

«particolarizzato», «individuato»; il *vero*, oggetto della scienza, è «comune», «generale»[5]. Carr attribuiva «l'inconsistenza e la superficialità che caratterizzano cosí spesso ciò che si scrive di questi tempi in tema di politica e di storia» alla differente metodologia storiografica che «contrappone cosí drasticamente Marx e i pensatori anglosassoni»:

> La tradizione di pensiero anglosassone è marcatamente empirica. I fatti parlano da sé. Si «discutono nel merito» i casi particolari. Temi, episodi, periodi sono scelti e isolati sulla base di un criterio di rilevanza sottaciuto, e probabilmente inconscio... Tutto ciò sarebbe stato oggetto di vero e proprio anatema da parte di Marx. Marx non era un empirista. Prendere in esame la parte separatamente dal tutto, il fatto dal suo significato, l'evento dalla sua causa ed effetto, la crisi particolare della situazione generale, sarebbe stato agli occhi di Marx uno sterile esercizio.
>
> Tale differenza ha radici storiche. Non a caso il mondo anglosassone è rimasto cosí ostinatamente empirista. In un ordinamento sociale consolidato, di cui nessuno intende mettere in discussione i fondamenti, l'empirismo serve alla normale manutenzione... L'Inghilterra del secolo XIX costituí da questo punto di vista un modello perfettamente funzionante. Ma in un'epoca in cui i fondamenti vacillano, e ci si dibatte tra una crisi e l'altra in preda all'incertezza, l'empirismo non è piú sufficiente[6].

In ogni caso, il velo del cosiddetto empirismo nasconde criteri selettivi piú o meno inconsci. «Fare storia – scrive Carr – implica una determinata concezione di ciò che è razionale per l'umanità: ogni storico, lo riconosca o meno, si richiama a una concezione di questo tipo». In *Sei lezioni sulla storia*, Carr sottolinea in modo particolare l'influsso esercitato dalla situazione storico-sociale sul tipo di selezione e interpretazione dei fatti operate dallo storico: si tratta di un aspetto della condizione umana che lo interessò sin da studente. Negli appunti per la seconda edizione, egli fornisce ulteriori esemplificazioni del carattere relativo della cono-

[5] G. VICO, *La scienza nuova*, a cura di F. Nicolini, Bari 1967, Libro I, sezione II, parr. 137 e 231, pp. 74 e 112.

[6] Questo passo, dattiloscritto nelle note di Carr, è ricompreso nel saggio su Lukács in E. H. CARR, *From Napoleon to Stalin and other essays*, London 1980, p. 250.

scenza storica. Erodoto trova una giustificazione morale al predominio di Atene nella funzione da essa avuta nelle guerre persiane; e queste guerre, mostrando che il modo di pensare dei Greci doveva ampliare i propri orizzonti, portarono Erodoto ad estendere la sua ricerca ad altri popoli e aree[7]. La visione storica degli Arabi era fortemente influenzata da un sentimento di affinità nei confronti del nomadismo. Gli Arabi vedevano la storia come un processo ininterrotto e ciclico in cui gli abitanti delle città e delle oasi erano soppiantati dai nomadi del deserto, che si trasformavano cosí in sedentari, per essere a loro volta soppiantati da nuove ondate provenienti dal deserto: per gli storici arabi la vita sedentaria era causa di quella degenerazione nel lusso che rende deboli i popoli civilizzati rispetto ai barbari. Gibbon, invece, vivendo nell'Inghilterra del secolo XVIII, non vedeva la storia procedere ciclicamente, bensí avanzare trionfalmente, come conferma la sua famosa affermazione: «ogni epoca ha accresciuto, e continua ad accrescere, la ricchezza effettiva, la felicità, le conoscenze e forse la virtú della razza umana». Infatti Gibbon guardava la storia dalla piattaforma privilegiata di una classe dominante resa sicura di sé da una civiltà da tempo stabilizzata; cui si accompagnava la convinzione che l'Europa era al sicuro dalle incursioni dei barbari, dal momento che «per conquistarla debbono prima uscire dalla barbarie». Carr sottolinea che le epoche caratterizzate dalle rivoluzioni esercitano un'influenza rivoluzionaria sulla storiografia: «nulla piú della rivoluzione suscita interesse per la storia». Il trionfo della «gloriosa rivoluzione» del 1688 favorí la fioritura della storiografia inglese del secolo XVIII. La rivoluzione francese minò dalle fondamenta «la prospettiva astorica dell'illuminismo francese basata sulla concezione di una natura umana immodificabile». Nei tempi di rapido cambiamento, il carattere relativo della conoscenza storica è ampiamente riconosciuto. Macaulay non faceva altro che un'ovvia constatazione per i suoi contemporanei, quando affermava che «l'individuo che mantenesse la stessa opinione sulla rivoluzione nel 1789, nel 1794, nel 1804, nel 1814 e nel

[7] *The Greek Historians*, a cura di M. J. Finley, 1959, pp. 4, 6.

1834, sarebbe o un profeta ispirato da Dio, o un cocciuto al limite della pazzia»[8].

Stabilito il carattere relativo della conoscenza storica, in che senso si può affermare l'esistenza di una storia obiettiva? In *Sei lezioni sulla storia* Carr afferma che nessuno storico può rivendicare per le proprie scelte un'obiettività metastorica; e tuttavia si può dire «obiettivo» lo storico «che ha la capacità di sollevarsi al di sopra della visione limitata propria della sua situazione storico-sociale», assieme alla «capacità di proiettare la sua visione nel futuro, in modo tale da acquisire una comprensione del passato piú profonda e durevole». Non pochi critici di *Sei lezioni sulla storia* sollevarono obiezioni contro questo modo di intendere l'«obiettività», richiamandosi al punto di vista tradizionale secondo cui lo storico obiettivo è quello che fonda i propri giudizi unicamente su prove certe e non lascia il minimo spazio alle sue presunzioni. Carr riteneva superficiale questo genere di obiezioni. La sua *Storia della Russia sovietica* è perlopiú a un livello straordinario in termini di «obiettività» tradizionalmente intesa, tanto da fornire un apparato documentario cui spesso altri storici hanno potuto richiamarsi in appoggio a interpretazioni contrastanti con quelle di Carr. Ma secondo Carr, questa coscienziosità non è altro che il puro e semplice dovere dello storico degno di tal nome, e non garantisce per nulla che nell'approntare la documentazione egli sfugga all'influsso della sua situazione storico-sociale.

Per altro, Carr ammetteva, seppur con qualche riserva, che si dà un progresso nello studio della storia – cosí come ce n'è uno a livello di vita sociale –, e che il progresso della conoscenza storica è in relazione alla maggiore obiettività. In *Sei lezioni sulla storia* si richiama ai grandi passi in avanti compiuti dalla storiografia negli ultimi due secoli, e valuta positivamente, rispetto alla storia di élite, l'ampliamento d'orizzonte realizzato dalla storia che estende il suo studio ai popoli del mondo intero. Prendendo ad esempio la valutazione dell'operato di Bismarck fornita da successive generazioni di storici, egli afferma (o, piuttosto, è disposto ad am-

[8] G. MACAULAY, *Works*, 1898, VIII, p. 431 (da un saggio su Sir James Mackintosh).

mettere) «che lo storico del 1920-30 era piú prossimo a un giudizio obiettivo dello storico del 1880-90, e che lo storico odierno vi è piú prossimo dello storico del 1920-30». Ma subito dopo ridimensiona quest'accettazione apparentemente incondizionata di un elemento assoluto nel criterio di obiettività dello storico, ribadendo che «l'obiettività storica non consiste, né può consistere, in un criterio di giudizio prestabilito e immutabile, esistente qui e ora, ma soltanto in un criterio situato nel futuro, e destinato a evolversi parallelamente allo sviluppo storico». Il problema dell'obiettività storica continuò ad arrovellare Carr anche dopo la pubblicazione di *Sei lezioni sulla storia.* Negli appunti per la seconda edizione, dopo aver criticato ancora una volta «l'obiettività assoluta e al di fuori del tempo» in quanto «vuota astrazione», scrive: «La storiografia esige che si selezionino e si ordinino i fatti del passato sulla base di un principio o norma oggettivi adottati dallo storico: il che comporta necessariamente una forma d'interpretazione. Senza la quale, il passato si trasforma in un guazzabuglio di avvenimenti casuali sconnessi e insignificanti, e diventa impossibile fare storia».

In *Sei lezioni sulla storia* Carr affronta la questione dell'obiettività anche da un'altra prospettiva (benché non usi in questo contesto il termine «obiettività»), prendendo in esame analogie e differenze tra metodo storico e metodo delle scienze naturali. E le analogie risultano in definitiva piú numerose delle differenze. Gli studiosi di scienze naturali non ritengono piú che il loro compito sia stabilire delle leggi universali procedendo per induzione dai fatti osservati; sono invece impegnati in un lavoro di ricerca che tiene conto dell'interazione tra ipotesi e fatti. E la storia, analogamente alle scienze naturali, non è interessata, come talvolta si sostiene, agli eventi irripetibili; bensí all'interazione tra l'irripetibile e ciò che ha carattere generale. Allo storico è affidato il compito della generalizzazione, tanto che «in realtà, lo storico non ha a che fare con ciò che è irripetibile, ma con ciò che, nell'irripetibile, ha un carattere generale».

Per la seconda edizione di *Sei lezioni sulla storia*, Carr prese molti appunti sulla metodologia della scienza, dai quali emerge l'orientamento del suo pensiero. Mi limito pertanto a presentarne una scelta, anche perché non voglio riportare qui, col rischio di deformarle, considerazioni in proposito fatte da Carr solo oralmente (ho riunito sotto uno stesso numero i singoli insiemi di appunti):

1) Criterio formale o logico della verità scientifica; Popper pensava che la scienza «pura» fosse caratterizzata da un principio razionale al di fuori del tempo...
Thomas Kuhn nega che si possa parlare di un metodo scientifico unico, e gli contrappone la successione di metodi relativistici...
Passaggio dalla considerazione statica della scienza a quella dinamica, dalla forma alla funzione (o scopo).
Il relativismo (non c'è un unico «metodo scientifico») porta Feyerabend, *Contro il metodo* (1975) al totale rifiuto del razionalismo [9].

2) Platone, *Menone*, accenna alla questione di come sia possibile condurre una ricerca senza sapere che cosa sia ciò che si cerca (paragrafo 80*d*).
«È solo dopo di aver seguito per lungo tempo l'indicazione di un'idea nascosta in noi, raccogliendo rapsodicamente, come materiale di costruzione, molte conoscenze relative a tale idea, anzi, è solo dopo di aver per lungo tempo messe assieme tecnicamente queste conoscenze, che noi riusciamo finalmente a scorgere in piena luce l'idea, ed a tracciare architettonicamente un tutto» [I. Kant, *Critica della ragion pura*, trad. it. di G. Colli, Torino 1957, p. 808].
La tesi di Popper, secondo cui è irrilevante l'ipotesi che non giunge a conclusioni verificabili, è inaccettabile (Selezione naturale).
[Vedi] M. Polanyi, «Encounter», gennaio 1972, da cui [è anche] tratto quanto segue...
Nel 1925, Einstein faceva presente a Heisenberg che «la possibilità di osservare qualcosa o meno dipende dalla teoria adottata. È la teoria che stabilisce che cosa può essere osservato».

3) [Dalla pubblicazione di una conferenza di W. F. Weisskopf, Carr sottolinea i seguenti passi]
«Siamo in grado di capire come una catena [montuosa] di

[9] P. K. FEYERABEND, *Contro il metodo. Abbozzo di una teoria anarchica della conoscenza*, trad. it. di L. Sosio, Milano 1979, afferma: «Per coloro che non vogliono ignorare il ricco materiale fornito dalla storia [...] diventerà chiaro che c'è *un* solo principio che possa essere difeso in *tutte* le circostanze e in *tutte* le fasi dello sviluppo umano. È il principio: *qualsiasi cosa può andar bene*» (p. 25).

questo tipo si sia formata in seguito a fenomeni tettonici; ma non sappiamo spiegarci perché il monte Bianco abbia assunto la sua forma attuale, né possiamo prevedere quale versante del monte Sant'Elena sarà squarciato dalla prossima eruzione...
Il verificarsi di eventi imprevedibili non significa violazione delle leggi naturali».

4) D. Struik, *Concise History of Mathematics* (1963), evidenzia le radici sociali della matematica.

5) La teoria secondo cui l'universo ebbe inizio casualmente con un *big bang* ed è destinato a dissolversi in buchi neri, è il riflesso del pessimismo culturale di un'epoca. La casualità è l'incoronazione dell'ignoranza.

6) La credenza che l'ereditarietà abbia un'importanza predominante è stata di segno progressivo finché si è potuto credere che i caratteri acquisiti fossero ereditari.
Non appena ciò si è rivelato falso, la credenza nell'ereditarietà è diventata reazionaria.
Cfr. C. E. Rosenberg, *No Other Gods: On Science and American Social Thought*, 1976 [in particolare p. 10].

Risulta dunque evidente, in base a questi appunti, che Carr era giunto alla conclusione che il carattere relativo della conoscenza scientifica è ancor piú marcato di quanto non ritenesse in precedenza. Tempi e luoghi esercitano un profondo influsso su teoria e pratica delle scienze naturali. L'interazione tra ipotesi ed elementi concreti nelle scienze naturali è assai simile all'interazione tra generalizzazione e fatti in campo storico. Un'ipotesi pur scientificamente valida non comporta necessariamente quella possibilità di formulare previsioni esatte che di solito le si attribuisce, e, nel caso di alcune scienze naturali, le ipotesi sono assai simili alle generalizzazioni dello storico.

Nella lezione intitolata *La causalità storica*, Carr analizza piú partitamente il tipo di generalizzazione operato dallo storico. Secondo Carr, «lo storico ha a che fare con un gran numero di cause» in un avvenimento storico, e cerca di istituire «una gerarchia tra le varie cause stabilendo i rapporti che le legano». Nelle annotazioni per la seconda edizione, Carr cita passi di Montesquieu e Tocqueville che esprimono un punto di vista analogo. «Le cause – scrive Montesquieu –

sono meno arbitrarie quanto piú il loro effetto è generale. Cosí noi conosciamo meglio ciò che determina il carattere di una nazione che non ciò che determina la mentalità di un individuo; ciò che origina il particolare modo di vita adottato da una società, che non quello di un individuo »[10]. E a proposito della distinzione che Tocqueville opera tra « cause antiche e generali » e « cause recenti e particolari »[11] Carr commenta: « È un'osservazione sensata; generale uguale lungo termine; lo storico è soprattutto interessato al lungo termine ».

Nella pratica storiografica, il tentativo di spiegare gli avvenimenti storici in una prospettiva di lungo termine, di cause generali e piú significative, pone immediatamente il problema dell'accidentale nella storia. In *Sei lezioni sulla storia* Carr riconosce che gli eventi accidentali possono modificare il corso della storia; ma afferma anche che non dovrebbero trovar posto nella gerarchia di cause significative istituita dallo storico. Il fatto accidentale della morte prematura di Lenin non fu privo di conseguenze nella storia dell'Unione Sovietica degli anni venti, ma non costituí una causa « reale » di quanto avvenne in seguito: e non fu una causa « reale », nel senso che non costituisce una spiegazione razionale e storicamente significativa applicabile ad altre situazioni storiche. Articolando ulteriormente questo concetto dopo la pubblicazione di *Sei lezioni sulla storia*, Carr scrive nei suoi appunti: « il corso della storia è di fatto caratterizzato da un certo grado di regolarità sufficiente a renderne possibile lo studio rigoroso; ma questa regolarità è periodicamente infranta da avvenimenti ad essa estrinseci ».

Il problema dell'accidentale diventa ancor piú spinoso in un caso particolare: quello del ruolo dell'individuo nella storia. Carr ritornò spesso su questo problema, anche perché gli si dovette presentare ripetutamente in relazione ai suoi studi sull'Unione Sovietica negli anni dell'ascesa al potere di Stalin. Nel materiale riunito sotto il titolo « L'individuo nella

[10] C. DE MONTESQUIEU, *Essai sur les causes qui peuvent affecter les esprits et les caractères*, in *Œuvres complètes*, a cura di A. Masson, Paris 1950-55, vol. III, p. 398.

[11] A. DE TOCQUEVILLE, *L'antico regime e la rivoluzione*, in *Scritti politici*, trad. it. di N. Matteucci, Torino 1968-69, vol. I, pp. 675 sgg.

storia», egli situa questo problema in un contesto storico ampio, affermando che il culto dell'individuo è «una teoria elitaria», perché «individualismo significa in definitiva contrapposizione dell'individuo allo sfondo oscuro della massa impersonale». E l'accentuazione del valore assoluto dei diritti del libero individuo è stata portata alle estreme conseguenze dagli intellettuali. Aldous Huxley, che ne fu il maggior sostenitore nell'Inghilterra degli anni venti e trenta, proclamava in un libro significativamente intitolato *Do As You Will*: «Lo scopo della vita... è lo scopo che noi le conferiamo. Il suo significato è semplicemente quello che noi scegliamo di chiamare il suo significato... Ciascun uomo conserva un diritto inalienabile sulla premessa maggiore della sua filosofia di vita»[12]. In *L'essere e il nulla*, che esercitò una notevole influenza negli anni quaranta, Sartre distingue l'essere «per-sé» – pura coscienza individuale, assoluta libertà e responsabilità – dall'essere «in-sé»: il mondo materiale, oggettivo, non cosciente. A quell'epoca, egli era su posizioni antimarxiste, con «elementi di anarchismo (mai del tutto assenti in Sartre)». Ma anche nel 1960, nonostante nella *Critica della ragione dialettica* Sartre affermi che il marxismo è «la filosofia insuperabile della nostra epoca», di fatto, almeno secondo Carr, «l'impronta esistenzialistica, la libertà assoluta, il suo individualismo e soggettivismo restano incompatibili col marxismo». E Adorno, analogamente, benché influenzato dal marxismo, «vuole sottrarre l'individuo alla totale sottomissione a un mondo dominato dalla burocrazia e dalla tecnocrazia, ma, anche, da sistemi filosofici chiusi (l'idealismo di Hegel, il materialismo di Marx)». Mentre per Freud, «la libertà individuale non è un frutto della civiltà», e, anzi, «essa subisce delle limitazioni ad opera dell'incivilimento»[13].

La pretesa che l'individuo sia limitato dalle pastoie della società e debba pertanto esserne liberato, è nello stesso tempo affine e opposta a quella altrettanto annosa, secondo cui

[12] A. HUXLEY, *Do As You Will*, 1929, p. 101.

[13] S. FREUD, *Il disagio della civiltà*, trad. it. di E. Sagittario, in ID., *Opere*, Torino 1978, vol. 10, p. 586. Un altro appunto di Carr sottolinea che «l'inconscio di Freud è individuale e non ha nulla a che fare con "l'inconscio collettivo" di Jung».

alcuni individui sarebbero comunque in grado di agire senza lasciarsi limitare da queste pastoie: pretesa che spesso si concretizza nell'accentuazione della sovrana importanza dei Grandi Uomini nella storia. Con una certa enfasi Andrew Marvell attribuiva un simile ruolo a Cromwell: «Ebbe la forza di contrarre il tempo sparso | E l'opra di anni realizzò in un anno scarso».

Samuel Johnson sosteneva invece il contrario: «Quanto poco di tutto ciò nei cuori umani può restare | Di tutto ciò che re o leggi posson sanare o fare».

Ma quella di Johnson, commenta Carr, era una semplice «scaramuccia di retroguardia contro la credenza che re e leggi siano causa e rimedio dei mali».

In contrapposizione a coloro che attribuiscono un ruolo decisivo alla volontà individuale intesa come indipendente e autonoma dalla società, Marx sosteneva che l'idea che «parte dallo sviluppo di uomini *isolati*» è «assurda (*abgeschmackt*)». L'uomo «in origine si presenta come un *essere generico*, *tribale*, come un *animale gregario*» che «si isola solo attraverso il processo storico»; «lo scambio stesso è un mezzo fondamentale di questo isolamento»[14]. In riferimento a Milton, Macaulay scriveva: «gli uomini prestano meno attenzione agli individui e piú alle classi nella misura in cui conoscono di piú e riflettono di piú»[15]. Nel 1852, Tocqueville formulava in maniera emblematica la concezione secondo cui l'agire dei singoli uomini politici è condizionato da forze a loro esterne.

Tolstoj portò alle estreme conseguenze il punto di vista che attribuisce all'individuo un ruolo del tutto secondario nella storia. Afferma infatti perentoriamente in un abbozzo dell'epilogo di *Guerra e pace*: «i personaggi storici sono prodotti del loro tempo modellati dall'intreccio degli avvenimenti passati e presenti»[16]. Punto di vista che, del resto, si trova già esposto compiutamente in una lettera del 1867:

> Lo zemstvo, i tribunali, la guerra o la non guerra ecc. sono tutte manifestazioni dell'organismo sociale – dello sciame

[14] K. MARX, *Lineamenti fondamentali di critica dell'economia politica («Grundrisse»)*, a cura di G. Backhaus, Torino 1976, vol. I, p. 476.

[15] MACAULAY, *Works* cit., VII, p. 6.

[16] L. N. TOLSTOJ, *Polnoe sobranie sočinenij*, 1955, vol. XV, p. 279.

> (proprio come per le api) al quale serve ogni ape e meglio ancora servono quegli individui che non sanno essi stessi cosa fanno e perché –; allora dalla somma della loro fatica risulta sempre un'attività uniforme ma soggetta alle leggi zoologiche. Questa attività zoologica del militare, del sovrano, del capo, dell'aratore costituisce il gradino piú basso di attività, di un'attività in cui operano le leggi del materialismo, non dell'arbitrio [17].

A distanza di trent'anni, allo scoppio della guerra angloboera, scriveva che non era giusto prendersela con « i Chamberlain o i Guglielmi », « perché la storia non è altro che una serie di atti del genere compiuti dai politici », nell'intento di perpetuare l'enorme ricchezza di pochi con l'apertura di nuovi mercati « mentre le masse popolari sono fiaccate dalla durezza del lavoro » [18].

Carr condivideva in larga misura il tipo di approccio di Marx e di Tocqueville, e annotava: « gli individui hanno delle "parti" nella storia: in un certo senso la parte è piú importante dell'individuo ». A proposito di Ramsey Macdonald scrive: le sue « oscillazioni non derivavano tanto dal suo carattere (rilevante solo in quanto lo rendeva adatto alla leadership); ma piuttosto dall'incertezza di fondo dell'intero gruppo del Labour Party ». In linea piú generale, Carr affermava di non essere molto interessato alla valutazione dei singoli uomini politici; bensí « ad analizzare gli interessi e gli atteggiamenti di gruppo che ne improntano il modo di pensare ». Il modo in cui funziona il cervello di un dato individuo, scrive, « non è molto importante per lo storico », ed è preferibile « prendere in esame la storia non tanto in termini di comportamento personale conscio, quanto in termini di situazioni e atteggiamenti di gruppo subconsci ». Sulla base di questa considerazione, osserva a proposito di un libro su Hitler: « comincia facendo derivare tutto dalla personalità di Hitler, e finisce parlando della fragilità e dell'impotenza del regime di Weimar » [19].

[17] Lettera a Ju. F. Samarin, Jasnaja Poljana, 10 gennaio 1867 (non spedita), in L. N. TOLSTOJ, *Sobranie sočinenij v. dvadcati tomach*, Moskva 1965, vol. XVII, pp. 314-15.

[18] Lettera a G. M. Volkonskij, Mosca, 4-16 dicembre 1899, *ibid.*, vol. XVIII, pp. 266 e 267.

[19] Il riferimento è a S. HAFFNER, *Il caporale Hitler*, trad. it. di E. Zelioli, Milano 1979.

Ma Carr non adottò il punto di vista radicale di Tolstoj: il suo concreto e problematico lavoro di storico lo riportava continuamente al «naso di Cleopatra». Dopo aver ricordato che il problema dell'accidentale nella storia «continua ad interessarmi e ad arrovellarmi», sottolinea negli appunti, come già in *Sei lezioni sulla storia*, che la morte di Lenin fu dovuta a cause che non interessano la storia, e tuttavia ne ha influenzato il corso. E arriva a dire: «anche se si può sostenere che sul lungo periodo le cose sarebbero andate circa nello stesso modo, c'è un breve periodo che ha la sua importanza, ed è quello che fa una grande differenza per un gran numero di persone». Rispetto a *Sei lezioni sulla storia*, si ha qui una notevole accentuazione dell'elemento accidentale nella storia: un preludio alle sorprendenti dichiarazioni sul ruolo di Lenin e di Stalin nell'intervista rilasciata a Perry Anderson in occasione del compimento della *Storia della Russia sovietica*. Nell'intervista sostiene infatti, che «se Lenin fosse vissuto negli anni venti e trenta in pieno possesso delle sue facoltà, avrebbe dovuto far fronte esattamente agli stessi problemi», e avrebbe imboccato la via della meccanizzazione massiccia dell'agricoltura, dell'industrializzazione accelerata, del controllo del mercato, del controllo e della direzione dall'alto del lavoro. Ma sarebbe stato capace «di ridurre al minimo e mitigare l'elemento coercizione»:

> Sotto Lenin la transizione non sarebbe certo andata liscia come l'olio, ma non si sarebbe verificato nulla di simile a ciò che è di fatto accaduto. Lenin non avrebbe tollerato le falsificazioni dei documenti cui Stalin ricorse, invece, sistematicamente... Sotto Lenin, l'Urss non sarebbe mai diventata, per dirla con Ciliga, «il paese della grande menzogna». Queste, almeno, sono le mie congetture [20].

Carr attribuisce qui un ruolo considerevole all'accidentale in un periodo decisivo della storia sovietica. Si tratta di una dichiarazione nel corso di un'intervista: non va pertanto scambiata per un giudizio calibrato al millimetro. Tuttavia, nel linguaggio certo piú sorvegliato della *Storia della Russia sovietica*, aveva già affermato: «La personalità di Stalin, in-

[20] CARR, *From Napoleon to Stalin* cit., pp. 262-63 (intervista a Perry Anderson, settembre 1978).

sieme ai metodi tradizionali, rozzi e crudeli, della burocrazia russa, impose alla rivoluzione dall'alto un carattere particolarmente brutale»[21]. La «rivoluzione dall'alto» fu dunque ampiamente condizionata dalle cause di lungo termine che lo storico deve considerare in via prioritaria; ma la qualità e la quantità della coercizione esercitata furono un accidente della storia.

In annotazioni e lettere conservate tra le sue carte, Carr prende in esame la storiografia contemporanea, e sottolinea come le tendenze piú innovative negli ultimi sessant'anni siano state influenzate dal marxismo:

> In campo storiografico, l'influsso della concezione materialistica della storia è considerevole a partire dalla prima guerra mondiale. Si potrebbe persin sostenere che tutti i lavori storiografici seri prodotti in questo periodo ne sono stati influenzati. Sintomo di tale cambiamento è stata la sostituzione dell'interesse prevalente per le battaglie, le manovre diplomatiche, le istituzioni, gli intrighi politici – insomma, gli argomenti tipici della storia politica in senso lato – con lo studio dei fattori economici, delle condizioni sociali, dei dati relativi alla popolazione, dell'emergere e tramontare di nuove e vecchie classi. La notevole diffusione della sociologia è stata un'altra caratteristica di questo cambiamento; tanto che si è talvolta assistito al tentativo di ridurre la storia a branca della sociologia.

In *Sei lezioni sulla storia*, Carr aveva già sottolineato il benefico effetto della sociologia sulla storia: «piú la storia diventerà sociologica e la sociologia storica, – aveva scritto, – tanto meglio sarà per entrambe». E negli appunti per la seconda edizione ribadisce: «La storia sociale è fondamentale. Ma limitarsi allo studio delle fondamenta è insufficiente e diventa ripetitivo: forse è quello che è capitato alle "Annales". Ma d'altra parte non se ne può fare a meno».

Dopo aver constatato questi sviluppi positivi, Carr afferma però, che, in linea generale, le tendenze oggi prevalenti indicano che la storia e le scienze sociali sono in crisi. E menziona sia l'empirismo superficiale che guida «la migrazione della storia alla specializzazione settoriale» (che bolla

[21] ID., *Storia della Russia sovietica*, IV: *Le origini della pianificazione sovietica (1926-1929), 3. Il partito e lo stato*, trad. it. di A. Caizzi, Torino 1978, p. 433.

come « una forma di automutilazione »), sia la tendenza degli storici a rifugiarsi nella metodologia (osservando in proposito che il « culto della "storia quantitativa", che fa dei dati statistici la fonte di qualsiasi ricerca storica, rischia di ridurre all'assurdo la concezione materialistica della storia »). Inoltre, a questa crisi interna alla storia, s'è accompagnata una migrazione dalla storia alle scienze sociali; tendenza che Carr giudica altrettanto conservatrice se non addirittura reazionaria:

> La storia è interessata in primo luogo ai grandi processi di cambiamento. Chi è allergico a questi processi volta la faccia alla storia e si rifugia nelle scienze sociali. Oggi, antropologia sociologia ecc. sono floride. La storia non gode buona salute. Ma allora anche la nostra società non gode buona salute.

E aggiunge: « naturalmente, "ci si rifugia" anche nell'ambito delle scienze sociali: gli economisti nell'econometria; i filosofi nella logica e nella linguistica; i critici letterari nell'analisi delle tecniche stilistiche ». Talcott Parsons è l'esempio emblematico del sociologo che « si spinge cosí lontano sulla via dell'astrazione da perdere ogni contatto con la storia ».

Carr dedicò un'attenzione particolare allo strutturalismo (o « funzionalismo strutturale »), e una volta, nel corso di una conversazione, osservò che gli strutturalisti hanno se non altro il merito di considerare il passato nel suo complesso, sfuggendo cosí alla trappola dell'ultraspecializzazione. Ma la sua convinzione di fondo era che, tutto sommato, lo strutturalismo avesse esercitato un influsso negativo sulla storiografia. Nei suoi appunti mette a confronto l'approccio strutturale o « orizzontale che analizza la società in termini di interrelazione funzionale o strutturale delle sue parti o aspetti », e l'approccio storico o « verticale che l'analizza nell'intento di capire da dove provenga e dove stia andando ». Carr si dice convinto che « qualsiasi storico ragionevole converrà che questi approcci sono entrambi indispensabili » (e un'annotazione piú sbrigativa, scarabocchiata su un pezzettino di carta, afferma: « la distinzione tra storia narrativa e storia strutturale è fittizia »):

> Ma fa una grande differenza se [lo storico] privilegia poi l'uno o l'altro approccio. Scelta che indubbiamente dipende-

rà anche dalla sua personalità; ma in gran parte dalla situazione in cui si trova ad operare. Viviamo in una società che perlopiú pensa il cambiamento come cambiamento in peggio, che lo teme e predilige la visione «orizzontale», che richiede solo piccoli aggiustamenti.

Altrove Carr osserva che «il primo tipo di approccio è conservatore, nel senso che prende in esame una condizione statica; mentre il secondo è *radical*, nel senso che è rivolto al cambiamento»:

Per quanto LS [Lévi-Strauss] possa citare Marx a proprio sostegno... il mio sospetto è che lo strutturalismo sia la filosofia di moda in un'epoca di conservazione.

Gli appunti di Carr comprendono numerose citazioni da Lévi-Strauss, e in particolare un'intervista pubblicata su «Le Monde», il cui titolo sembra confermare i peggiori sospetti di Carr: *L'idéologie marxiste, communiste et totalitaire n'est qu'une ruse de l'histoire*[22].

Al di là delle critiche di fondo e della valutazione nel complesso negativa della storiografia contemporanea, Carr ribadisce, in positivo, l'importanza della disciplina storica correttamente intesa. E sottolinea la necessità di una «storia generale» che consideri contestualmente le istituzioni, l'apparato militare, l'andamento demografico, l'aspetto culturale ecc., e ne colga le reciproche connessioni. Ribadisce, inoltre, che la storia non deve ridursi ad umile ancella delle scienze sociali, cui rivolgersi per riceverne una teoria, rifornendole in cambio di materiali:

Non ho difficoltà a riconoscere che molti storici del giorno d'oggi sono morti per mancanza di teoria. Ma dico anche che la teoria che è mancata loro è una teoria della storia, e non una teoria qualsiasi confezionata dall'esterno. Ciò di cui si ha bisogno è uno scambio nella duplice direzione... Lo storico deve imparare dagli specialisti in materia economica, demografica, militare ecc. Ma l'economista, il demografo ecc. moriranno a loro volta, se non lavoreranno sulla base del modello storico di piú ampio respiro che solo lo storico «gene-

22 «Le Monde», 21-22 gennaio 1979 (L'ideologia marxista, comunista e totalitaria non è altro che un'astuzia della storia).

rale» è in grado di approntare. La difficoltà è... che le teorie storiche sono per loro natura teorie del cambiamento, mentre viviamo in un'epoca che vuole, o addirittura accetta con riluttanza, solo cambiamenti secondari o «molto specifici» all'interno di un equilibrio storico stabilizzato.

Per altro, Carr continuava ovviamente a ritenere che la prospettiva adottata dallo storico dipende dalla situazione storico-sociale: punto di vista che, nella Gran Bretagna degli anni settanta, poteva essere condiviso, al massimo, da una minoranza di storici *radical* e non conformisti:

> Una società che non sa orientarsi nel presente e ha perso qualsiasi fede nel futuro vede la storia del passato come un guazzabuglio di eventi isolati e insensati. Se la nostra società ritroverà la via della conoscenza del presente e una visione d'insieme del futuro, ritroverà contestualmente la conoscenza del passato.

Questo passo risale al 1974, ossia a molti anni prima che rispuntassero in Gran Bretagna teorizzazioni e rinnovata fiducia nel futuro di stampo ugualmente conservatore. Da un certo momento, infatti, che coincide all'incirca con l'anno della morte di Carr, si profilò come un'alternativa alla sfiducia nel futuro, e relativo empirismo, sino ad allora prevalenti in seno all'ortodossia storiografica britannica. Uomini politici conservatori e storici si adoprarono ad infondere fiducia nel futuro privilegiando nuovamente la storia patria nei piani di studio universitari. Sir Keith Joseph, ministro della Pubblica istruzione, col pieno appoggio di Lord Hugh Thomas, esortò la scuola a dedicare maggior attenzione alla storia inglese e un po' meno a quella del resto del mondo. G. R. Elton, nella prolusione di Regius Professor di storia moderna, condannò l'influenza negativa delle scienze sociali sulla storia insegnata agli studenti di Cambridge, e ribadí che la storia inglese doveva essere preminente nel corso di laurea in storia. La storia inglese mostra «in che modo questa società ha saputo edificare un potere e un assetto civili attraverso un costante cambiamento»; «un'epoca dominata dall'incertezza, fuorviata da falsi ideali, assaltata dai profeti del rinnovamento continuo, ha una certa difficoltà a riconoscere le proprie radici»[23]. Tutto ciò sarebbe stato giudicato da Carr sintomatico di una società malata alla ricerca di conforto nella ricostituzione di un passato glorioso e, nel contempo, una dimostrazione clamorosa di quanto profondamente gli storici riflettano le tendenze socialmente prevalenti.

Nelle intenzioni di Carr, la nuova edizione di *Sei lezioni sulla storia* avrebbe dovuto situare la crisi degli studi storici nel contesto piú ampio della crisi sociale e culturale contemporanea. A tal fine raccolse del materiale sotto la rubrica «Letteratura e arte», non esaminate partitamente nella prima edizione. L'argomentazione di fondo è che letteratura e arte, analogamente alla storia e alle scienze naturali e sociali, sono influenzate, o per cosí dire plasmate, dalla situazione sociale. Due citazioni in netto contrasto balzano subito agl'occhi dall'insieme di questi appunti: da una parte l'affermazione di Orwell: «Tutta l'arte è propaganda»[24]; dall'altra Marx, che ribadí spesso il condizionamento sociale dell'arte, ma che tuttavia, nell'*Introduzione alla critica dell'economia politica*, metteva in guardia dalla considerazione semplicistica di tale condizionamento, affermando: «Nel caso dell'arte è noto che determinati suoi periodi di fioritura non stanno affatto in rapporto con lo sviluppo generale della società, e quindi neppure con la base materiale, per cosí dire con la struttura ossea della sua organizzazione»[25].

A giudizio di Carr, queste limitazioni poste da Marx non possono applicarsi al secolo XX, caratterizzato in primo luogo da pessimismo, passività, disperazione. Per Carr, Hardy è «il narratore di un mondo svuotato di senso, sostanzialmente stravolto, ma non come se avesse proceduto in una falsa direzione e potesse essere in qualche modo rimesso in carreggiata; bensí un mondo di una iniquità e di un'insensatezza che non hanno radici nel tempo – donde un pessimismo assoluto». A. E. Housman constatava: «Raramente ho scritto poesie senza essere in cattiva salute»[26]; T. S. Eliot fa-

[23] G. R. ELTON, *The History of England: Inaugural Lecture delivered 26 January 1984*, Cambridge 1984; cfr., in particolare, pp. 9-11, 26-29. Cfr. anche la critica alla «family history» in «New York Review of Books», 14 giugno 1984.

[24] G. ORWELL, *Collected Essays, Journalism and Letters*, 1968, I, p. 448 (pubblicato per la prima volta in *Inside the Whale*, 1940).

[25] MARX, *Lineamenti fondamentali* cit., vol. I, p. 36.

[26] A. E. HOUSMAN, *The Name and Nature of Poetry*, 1933, p. 49.

ceva seguire il commento partecipe: «Credo di poter capire il significato di quest'affermazione». «La loro era una "poesia malata", – conclude Carr perentoriamente, – e nessuno dei due è un ribelle». Carr raccolse anche una serie di citazioni per illustrare pessimismo e disperazione di Eliot. Il sonetto numero 98 di Shakespeare è un canto all'aprile, *The Waste Land* di Eliot guarda ad aprile come al mese piú crudele. In *Gerontion* (1920), Eliot lamenta che la storia «ci inganni con bisbiglianti ambizioni | E che ci guidi con le vanità»[27]. In *The Waste Land*, la folla di lavoratori che attraversa il London Bridge è vista come un popolo di morti; Wyndham Lewis parla invece del «popolo mezzo morto» il cui annientamento sarebbe irrilevante[28]. Significativamente, Kafka, il profeta del fallimento, dispose per testamento la distruzione dei suoi scritti. Il nostro mondo, ha detto una volta Kafka, è soltanto «uno dei malumori» di Dio; fuori del nostro mondo c'è «molta speranza... per Dio... infinita speranza, ma non per noi»[29]. E anche Orwell, secondo Carr, «finisce per approdare alle stesse posizioni di Eliot: con la sua sfiducia nell'uomo che spesso si tramuta in disprezzo delle classi inferiori – una forma di elitarismo». Due classiche opere contemporanee – che già nel titolo rivelano un'analogia significativa, *Aspettando i barbari* di Kavafis, e *Aspettando Godot* di Beckett – rappresentano «la passività di un'attesa disperata». E il culto di Hermann Hesse è votato a uno scrittore che Carr definisce: «un rifugiato nel solipsismo in fuga da un mondo nel quale non crede piú».

Altri appunti rispondono all'intento di situare la critica letteraria nel contesto sociale del secolo XX. F. R. Leavis «ha risuscitato la concezione di Matthew Arnold, e parla di una classe di intellettuali disinteressati come del fiore della società sulla quale s'innalzano». La nuova critica letteraria «inizia con I. A. Richards e la sua distinzione tra elementi oggettivi (scientifici) e soggettivi (emotivi) in campo letterario». I suoi epigoni «hanno tentato di trasformare la critica letteraria in un'osservazione di tipo scientifico basando l'analisi del

[27] T. S. ELIOT, *Gerontion*, trad. it. di R. Sanesi, in *Opere di T. S. Eliot*, Milano 1971, p. 213.
[28] D. B. WYNDHAM LEWIS, *Blasting and Bombardiering*, 1937, p. 115.
[29] M. BROD, *Kafka*, trad. it. di E. Pocar, Milano 1978, p. 68.

testo su criteri oggettivi; ma cosí hanno ignorato i problemi del contesto e di derivazione». In proposito Carr osserva:

> I formalisti degli anni trenta quaranta e cinquanta, gli strutturalisti degli anni sessanta e settanta, hanno cercato di isolare la letteratura; ne hanno fatto un'entità «pura» relegata nei confini del linguaggio e incontaminata da qualsiasi altra realtà.
>
> Ma la critica letteraria non può confinarsi nella letteratura: il critico stesso è fuori della letteratura e porta con sé elementi da altre sfere.

E la «filosofia del linguaggio» (un nome ingannevole per quella che è una fuga dalla filosofia tradizionalmente intesa) come «ricerca dell'arte per l'arte» è priva di qualsiasi idea generale[30]. Non si applica né all'etica né alla politica, e trascura la storia: «non vi trova posto neppure l'idea che le parole possano cambiare significato».

Nel capitolo conclusivo della nuova edizione, Carr intendeva ribadire, in opposizione al pessimismo dominante, che il passato dell'uomo è stato in larga misura una storia di progresso; e intendeva altresí dichiarare apertamente la sua fiducia nell'uomo. In *Sei lezioni sulla storia*, aveva osservato che la visione della storia come progresso, elaborata dai razionalisti dell'Illuminismo, raggiunse la massima diffusione quando la potenza e la fiducia in se stessa dell'Inghilterra erano giunte al massimo grado. Ma nel secolo XX, la crisi della civiltà occidentale ha portato molti storici e intellettuali a respingere l'ipotesi del progresso. Negli appunti per la nuova edizione, egli distingue tre aspetti dell'Età del Progresso: l'Ampliamento dei confini del Mondo, iniziato nel 1490; la Crescita Economica, avviata probabilmente nel secolo XVI; l'Ampliamento dei confini della Conoscenza, dal 1600 in avanti. L'epoca elisabettiana, perfettamente consapevole di che cosa significasse l'ampliamento dei confini del mondo, ha costituito la prima scintillante fase dell'Età del Progresso. Macaulay, il piú grande storico whig, considerava la storia come un progresso trionfale culminante nel Reform Bill[31].

[30] Cfr. J. STURROCK, *Structuralism and Since*, 1979.

[31] MACAULAY, *Works* cit., XI, pp. 456-58; cfr. inoltre pp. 489-91. Ma Carr si chiede anche: «Il Neozelandese di Macaulay (*Essay on Ranke's History of the Popes*) è compatibile con la credenza nel progresso?» – Macaulay aveva imma-

Dalla lettura degli appunti di Carr risulta chiaramente che, nella nuova edizione di *Sei lezioni sulla storia*, egli intendeva fornire una piú ampia documentazione, tratta dalla medicina e da altri campi del sapere, del fatto che il progresso è sostanzialmente dipeso dalla, e seguito alla, trasmissione di capacità acquisite da una generazione all'altra.

La visione della storia come progresso ha cominciato a passar di moda a partire dalla prima guerra mondiale. La discesa nelle profondità della disperazione si è rivelata talora un giochetto un po' troppo azzardato: «Karl Kraus ha celebrato il crollo dell'impero austro-ungarico in una stravagante opera drammatica intitolata *Gli ultimi giorni dell'umanità*». Nondimeno, scetticismo nei confronti del progresso realizzatosi in passato, e pessimismo nei confronti delle prospettive future, si sono diffusi e radicalizzati col procedere del secolo XX. Circa venticinque anni fa Popper ha tenuto una conferenza intitolata *The History of our Times: An Optimist's View*; ma nel 1979, in un'altra conferenza, ha affermato: «E cosí è accaduto che non credo piú al progresso»[32]. Secondo alcuni storici l'idea di progresso è un'ubbía del passato: Richard Cobb ha scritto di Lefebvre: «era un uomo molto ingenuo, credeva nel progresso del genere umano»[33].

Carr credeva nel progresso realizzato in passato dal genere umano, e riteneva che «la comprensione del passato... consente uno sguardo piú penetrante nel futuro». Concordava pertanto con l'affermazione di Hobbes: «ci costruiamo un futuro sulla base della nostra concezione del passato»[34]. Cui faceva però seguire un'importante precisazione: «il contrario è altrettanto vero»; la nostra visione del futuro condiziona la nostra capacità di comprendere il passato. C'è una grande forza nell'aforisma con cui Ernst Bloch conclude *Das Prinzip Hoffnung*: «la vera genesi non è nell'inizio ma nella fine»[35].

ginato un Neozelandese del futuro che, dal London Bridge ormai fatiscente, tracciava uno schizzo dei ruderi di Saint Paul; ma nello stesso paragrafo faceva riferimento alla futura grandezza del Nuovo Mondo.

[32] «Encounter», novembre 1979, p. 11; in questa conferenza Popper sostiene tuttavia di essere ancora un ottimista.

[33] R. COBB, *A Second Identity*, 1969, p. 100.

[34] T. HOBBES, *Works*, IV, 16.

[35] E. BLOCH, *Das Prinzip Hoffnung*, 1956, III, p. 489.

In un'epoca in preda al dubbio e alla disperazione, Carr riteneva molto importante, in quanto storico, esporre criticamente la sua interpretazione del presente e la sua visione del futuro. Piú di quarant'anni prima, aveva sostenuto che Utopia e realtà sono due elementi essenziali dell'analisi politica, e che « un pensiero politico equilibrato e una vita politica equilibrata sono possibili solo se si tien conto di entrambe »[36]. In anni piú recenti ebbe fama di realista intransigente. Ma in alcuni cenni autobiografici redatti pochi anni prima della morte, osservava: « Forse il mondo si divide in due: da una parte i cinici, che nelle cose non ritrovano altro che insensatezza; dall'altra gli Utopisti, che conferiscono un senso alle cose sulla base di qualche splendida e inverificabile ipotesi circa il futuro. Io preferisco questi ultimi ». In alcuni appunti raccolti sotto il titolo « Speranza », si può leggere: « Funzione di Utopia è realizzare i sogni a occhi aperti... Utopia concilierà interesse individuale e generale. Vera Utopia si distingue dal vuoto (immotivato) ottimismo ».

Secondo Carr, i due massimi studiosi del capitalismo inglese dell'epoca classica, Adam Smith e Karl Marx, seppero coniugare Utopia e profonda intuizione della società:

> A. Smith, che pur scrisse *La teoria dei sentimenti morali*, nella *Ricchezza delle nazioni* considerò unicamente l'inclinazione « a commerciare barattare e scambiare », ritenendola il movente principale dell'agire umano.
>
> Fu un'intuizione geniale; ma non della natura umana in quanto tale, bensí della caratteristica fondamentale della società che stava per svilupparsi in Europa occidentale (e in Usa); e che proprio per questa sua caratteristica dette luogo a tale sviluppo.
>
> La stessa cosa vale per l'intuizione marxiana del crollo del capitalismo in seguito al rifiuto dei lavoratori di continuare a sopportare il livello di sfruttamento che il capitalismo comporta.
>
> Ma l'Utopia di Smith del mondo della « mano occulta », e la dittatura del proletariato di Marx, hanno mostrato il rovescio della medaglia non appena se ne è tentata la realizzazione pratica.

[36] E. H. CARR, *The Twenty Years' Crisis, 1919-1939*, 1939.

Già nel 1933 Carr aveva scritto di Marx che «ha tutte le carte in regola per essere considerato il cervello piú lungimirante del secolo XIX e uno dei profeti piú veritieri della storia»[37]. Gli appunti raccolti sotto il titolo «Marxismo e storia» e «Il marxismo e il futuro» riprendono molti passi di Marx, Engels, Lenin e altri autori che si rifanno al loro pensiero: evidentemente Carr intendeva basare le proprie considerazioni relative al presente e al futuro sul ripensamento critico di Marx e del marxismo. In molti scritti dell'ultimo periodo si dice convinto, analogamente al suo amico Herbert Marcuse, che «oggi, in Occidente, il proletariato – nell'accezione marxiana del termine, ossia gli operai organizzati dell'industria – non è rivoluzionario, e forse, costituisce una forza addirittura controrivoluzionaria»[38]. Nei suoi appunti scrive poi che lo scetticismo sulla capacità del proletariato di diventare classe dirigente della nuova società, aveva dato luogo, nel caso di Trockij, «alla caduta in un radicale pessimismo»[39], e che una valutazione negativa del proletariato è alla base del pessimismo di Marcuse:

> *Ragione e rivoluzione*. Il potere della negazione è incorporato nel proletariato.
>
> Interessato alla liberazione della personalità individuale dalla società repressiva – Freud.
>
> *Eros e civiltà* – dubbio circa la capacità del proletariato di realizzare una società non repressiva.
>
> *Il marxismo sovietico*. La storia della Russia sovietica mostra il fallimento del proletariato russo nella realizzazione di una società non repressiva – fallimento dovuto al fallimento del proletariato nei paesi avanzati.
>
> *L'uomo a una dimensione* dimostra che il proletariato è stato fagocitato dalla società industriale sicché questa società diventa in linea di principio immodificabile.
>
> Ne risulta un pessimismo totale – divorzio della teoria della sinistra dalla realtà: «Non c'è alcun terreno su cui la teoria e la pratica, il pensiero e l'azione s'incontrino»[40].

[37] «The Fortnightly Review», marzo 1933, p. 319.

[38] CARR, *From Napoleon to Stalin* cit., p. 271.

[39] Cfr. BARUCH KNEI-PAZ, *The Social and Political Thought of Leon Trotsky*, Oxford 1978, pp. 422-23.

[40] H. MARCUSE, *L'uomo a una dimensione*, trad. it. di L. Gallino e T. Giani Gallino, Torino 1967, p. 11.

In linea generale Carr concordava con questa revisione critica del marxismo; ma non ne traeva conclusioni altrettanto pessimistiche. Nei citati cenni autobiografici scrisse tra l'altro:

> Non riesco veramente a intravedere alcuna prospettiva positiva in nessun aspetto dell'odierna società occidentale; ma solo decadimento e deterioramento, che probabilmente, anche se non necessariamente, sfoceranno in un crollo drammatico. Sono tuttavia convinto che forze e movimenti nuovi, di cui è ancora impossibile prevedere la configurazione, stanno formandosi sotto la crosta in qualche luogo. Questa è la mia indimostrabile Utopia... Credo che finirei per chiamarli «socialisti», e per questo aspetto resto marxista. Ma Marx non ha mai precisato il concetto di socialismo al di là di rare affermazioni di carattere utopistico; né posso farlo io qui.

Ma come si sarebbero concretamente configurati, secondo Carr, sviluppo e decadimento del sistema capitalistico; e quali «forze e movimenti nuovi» individuava? Una parziale risposta a queste domande la si può trovare in una serie di scarne annotazioni scritte probabilmente intorno al 1970, e raccolte sotto il titolo «Marxismo e storia». Si tratta in sostanza di un abbozzo che sarebbe stato sicuramente e ampiamente rimaneggiato prima di un'eventuale pubblicazione; riflette tuttavia in maniera efficace con che spirito Carr guardasse al presente e al futuro:

> Negli ultimi cinquant'anni il mondo ha cambiato aspetto tanto da risultare irriconoscibile. Le ex colonie delle potenze europee – India, Africa, Indonesia – hanno raggiunto la completa indipendenza. In America latina solo Messico e Cuba hanno imboccato la via della rivoluzione; ma dappertutto lo sviluppo economico va nella direzione della piú completa indipendenza. L'avvenimento piú sensazionale di quest'epoca è stato l'assurgere dell'Urss – già impero russo – e, piú recentemente, della Cina, a potenze di dimensioni e rilevanza mondiali. Il senso d'incertezza suscitato da questi cambiamenti, le cui conseguenze continueranno a farsi sentire in futuro, rappresenta un mutamento radicale rispetto al senso di sicurezza connesso alla relativa stabilità dell'assetto mondiale nel secolo XIX. E le odierne concezioni della nuova società

hanno avuto origine in un'atmosfera storica esente da questa insicurezza e incertezza.

È un fatto estremamente significativo che la rivoluzione russa – e, in seguito, le rivoluzioni cinese e cubana – si siano richiamate espressamente all'insegnamento di Karl Marx. Marx profetizzò infatti inequivocabilmente declino e caduta del sistema capitalistico del secolo XIX, nonostante quest'ultimo fosse al suo apogeo all'epoca in cui egli scriveva. È dunque naturale che coloro che si sono ribellati contro questo sistema, ed hanno tratto vantaggio dalla sua distruzione, si siano richiamati all'autorità di Marx. Ed è altrettanto naturale che la concezione di una nuova società in alternativa al capitalismo del secolo XIX tragga ispirazione dal marxismo. Questo genere di concezioni sono necessariamente venate di utopia: sulla società futura, infatti, Marx ha scritto pochissimo e perlopiú in termini utopistici. E alcune previsioni da lui avanzate si sono rivelate illusorie; cosa che ha suscitato controversie e confusione tra i suoi seguaci. Ma l'efficacia delle sue analisi resta innegabile, e qualsiasi progetto di una società futura, per quanto ideale, non potrà non contenere una buona dose di concetti marxisti.

Marx fu il profeta della produttività, dell'industrializzazione come via alla massima produttività, della modernizzazione tramite l'impiego delle tecnologie piú avanzate. A partire dal *Manifesto*, i suoi scritti abbondano di elogi alle realizzazioni del capitalismo per aver liberato il processo di produzione dalle catene del feudalesimo, e avviato un'economia moderna, tecnologicamente avanzata ed espansiva. Ma, d'altra parte, Marx era anche convinto di aver dimostrato con la sua analisi che il capitalismo borghese, fondato sul principio dell'impresa privata, avrebbe forgiato, contestualmente al suo pieno successo, nuove catene che avrebbero impedito l'ulteriore espansione della produzione; il che avrebbe sottratto il controllo della produzione alla borghesia capitalistica, sostituendolo con una forma di controllo sociale esercitato dai lavoratori. Solo cosí si sarebbero potuti mantenere e incrementare i livelli produttivi. E, secondo una delle rare immagini della futura società comunista forniteci da Marx, allora «le fonti della ricchezza sgorgheranno piú copiosamente».

In un mondo in cui una parte considerevole della popolazione non beneficia nemmeno dei minimi vantaggi materiali della civiltà moderna, non stupisce che queste teorie abbiano potuto influenzare fortemente la concezione democratico-popolare della nuova società. Né stupisce (benché costituisca un rovesciamento di quanto previsto da Marx) che l'appello contenuto in queste teorie abbia trovato la massima rispondenza non tanto nei paesi avanzati – dove, comunque, anche le classi popolari hanno tratto vantaggio dalla realizzazione del capitalismo borghese, e sono cosí portate ad opporre una certa resistenza all'idea che le potenzialità di questo sistema sono ormai esaurite –, bensí nei paesi arretrati, dove il capitalismo borghese non ha neppur fatto la sua comparsa, oppure si è presentato con un volto straniero e sostanzialmente oppressivo. La rivoluzione russa ha avuto luogo in un paese tecnologicamente arretrato, dove la trasformazione capitalistico-borghese dell'economia e della società era appena agl'inizi; e il suo compito primario, come ebbe a dire Lenin, fu di « completare la rivoluzione borghese », ancor prima di poter avviare la rivoluzione socialista. A partire dalla seconda guerra mondiale, la rivoluzione si è propagata in paesi in cui la rivoluzione borghese non aveva avuto neppur inizio. E, nelle aree sottratte all'influenza dell'Occidente, è oggi dominante la visione di una società futura che, saltando l'ormai sorpassata rivoluzione capitalistico-borghese, realizzerà l'industrializzazione e la modernizzazione dell'economia, assieme alla massima produttività che ne consegue, attraverso una forma di controllo sociale e pianificato della produzione.

E Carr aggiungeva: « l'aspetto strettamente politico di questa concezione rimane, tuttavia, nebuloso e ambiguo. Il marxismo fornisce scarso aiuto. L'idea di una società controllata dagli operai si è rivelata scarsamente applicabile in una Russia caratterizzata da un proletariato quantitativamente limitato, ed è affatto inapplicabile a paesi ancor meno sviluppati, con proletariato praticamente inesistente ». Ciò nonostante, Carr pensava che la rivoluzione vittoriosa in questi paesi sarebbe riuscita ad affossare il sistema capitalistico, e a render possibile la realizzazione della sua « indimostrabile utopia »:

> Penso che si debba prendere in seria considerazione l'ipotesi [dichiarava nel settembre 1978] che la rivoluzione mondiale, della quale [la rivoluzione bolscevica] ha costituito la prima tappa, e che determinerà il crollo definitivo del capitalismo, assumerà la forma della rivolta dei popoli coloniali contro il capitalismo nella sua veste imperialistica [41].

[41] *From Napoleon to Stalin* cit., p. 275.

SEI LEZIONI SULLA STORIA

« Spesso mi stupisco che debba essere cosí noiosa, che in gran parte è frutto d'invenzione ».

CATHERINE MORLAND, a proposito della storia (*Northanger Abbey*, cap. XIV).

Prefazione alla seconda edizione

Quando nel 1960 portai a termine la prima stesura delle *Sei lezioni sulla storia*, il mondo occidentale non si era ancora del tutto rimesso dai duri colpi infertigli da due guerre mondiali e due rivoluzioni della portata di quella russa e cinese. L'epoca vittoriana dell'ingenua sicurezza e della fede indiscussa nel progresso era tramontata irrimediabilmente. Il mondo si era trasformato in un luogo privo di tranquillità e per molti aspetti minaccioso. Tuttavia, indizi sempre piú numerosi mostravano che ci si avviava a superare le difficoltà. La crisi economica, che secondo le previsioni generali avrebbe dovuto seguire alla guerra, non si era verificata. L'impero britannico era tramontato senza scossoni; quasi alla chetichella. La crisi ungherese e quella di Suez erano state composte in qualche modo e presto dimenticate. La destalinizzazione in Urss e la demaccartizzazione in Usa costituivano dei positivi passi in avanti. Germania e Giappone si erano prontamente ripresi dal disastro della guerra, e già muovevano passi da gigante in campo economico. Sotto De Gaulle la Francia riacquistava forza e solidità. Negli Stati Uniti, la pesante cappa eisenhoweriana era in via di dissolvimento, e si profilava all'orizzonte l'era di speranza kennediana. Il nostro sguardo poteva ancora trascurare le macchie nere rappresentate da Sud Africa, Irlanda e Vietnam. Le Borse di tutto il mondo registravano un grande boom.

Insomma, questo quadro giustificava, almeno in apparenza, gli accenti ottimistici e la fiducia nel futuro che concludevano le mie lezioni nel 1961. Ma il ventennio successivo ha vanificato quelle speranze e quella fiducia. La guerra fredda è stata riesumata e praticata con maggior pervicacia grazie alla minaccia della distruzione atomica. La crisi economica, solo dilazionata, è poi addirittura esplosa nei paesi industrializzati diffondendo il cancro della disoccupazione nel mondo occidentale. Non c'è in pratica paese indenne da violenza politica e terrorismo. La ribellione degli Stati petroliferi mediorientali ha intaccato il potere dell'Occidente industrializzato. Il « terzo mondo » ha perso la sua passività e si è trasformato in fattore attivo e perturbatore degli affari internazionali. In queste condizioni qualsiasi forma di ottimismo appare assurda. I profeti di sventura non hanno che l'imbarazzo della scelta. L'incombente destino funesto, descritto con zelo da scrittori a sensazione, giornalisti e media, fa parte del lessico quotidiano. Da secoli l'antica profezia popolare della fine del mondo non sembrava cosí attuale.

Ma a questo punto è il semplice buon senso a suggerire un paio di riserve di fondo. In primo luogo, la diagnosi che parla di un futuro disperato resta una costruzione teorica astratta nonostante la pretesa di basarsi su fatti incontrovertibili. Tanto che la grande maggioranza della gente semplicemente non ci crede; come dimostra col suo comportamento: continua a far l'amore, a concepire e a mettere al mondo dei figli, e a prendersi cura della loro educazione. Sia a livello pubblico che privato si presta notevole attenzione al problema della salute e dell'istruzione delle nuove generazioni. La ricerca di nuove fonti energetiche è continua. Sempre nuove invenzioni incrementano la capacità produttiva. Una moltitudine di « piccoli risparmiatori » investe in titoli di Stato e azionari. Sempre piú diffuso è l'interesse per la conservazione del patrimonio artistico nazionale a beneficio delle generazioni future. Insomma, si sarebbe tentati di affermare che la credenza in una catastrofe totale e imminente riguardi solo un gruppo ristretto di intellettuali perennemente insoddisfatti, che sono però in grado di condizionare pesantemente quanto si dice e si scrive pubblicamente.

L'altra riserva è in relazione all'origine geografica di queste profezie di disastro universale: esse provengono infatti prevalentemente – e sarei tentato di dire esclusivamente – dall'Europa occidentale e dalle sue propaggini d'oltreoceano. Il che non deve stupire; dato che per cinque secoli questi paesi sono stati i dominatori incontrastati del mondo. Ed hanno cosí potuto pretendere, persino con qualche plausibilità, di rappresentare il faro della civiltà nel bel mezzo di un mondo in preda a oscurantismo e barbarie. Sicché, l'epoca che registra rifiuto e ribellione crescenti contro questa pretesa non porterebbe ad altro che al disastro. Né stupisce che l'epicentro dell'inquietudine, il luogo in cui si è concentrato il massimo pessimismo di matrice intellettuale, sia la Gran Bretagna: qui, il contrasto tra splendore del secolo XIX e grigiore del XX, tra supremazia esercitata nel secolo scorso e sentimento d'inferiorità vissuto in questo, è piú stridente e penoso che in qualsiasi altro paese. A partire da qui, tale stato d'animo si è poi diffuso in Europa occidentale, e, direi in forma piú attenuata, in Nordamerica; in tutti i paesi, insomma, che hanno beneficiato dell'era della grande espansione realizzatasi nel secolo XIX. Non ho però ragione di credere che questo stato d'animo finirà per prevalere dappertutto. Certo, la barriera opposta alla comunicazione, da una parte, e la propaganda incessante della guerra fredda, dall'altra, rendono difficile valutare la situazione in Urss. Stento tuttavia a credere che una diffusa sfiducia nel futuro abbia potuto prender piede in un paese dove la grande maggioranza della popolazione non può ignorare, al di là delle lamentele contingenti, che le cose vanno molto meglio di venticinque, cinquanta e cent'anni fa. In Asia, poi, sia il Giappone che la Cina, ciascuno secondo la propria via, sono protesi verso il futuro. In Medio Oriente e in Africa, anche in zone attualmente in grande subbuglio, le nazioni emergenti stanno combattendo per un loro avvenire, nel quale vogliono credere, magari ciecamente.

Per quanto mi riguarda, ne concludo che l'attuale ondata di scetticismo e disperazione, che nel futuro vede solo distruzione e decadenza, e respinge come assurde la fede nel progresso e qualsiasi prospettiva di avanzamento per il genere umano, è una forma di elitarismo – il prodotto di gruppi di élite la cui sicurezza e i cui privilegi sono stati sostanzialmente intaccati dalla crisi; e altresí di un'élite di paesi che ha visto infrangersi il proprio dominio incontrastato sul resto del mondo. I vessilliferi di questa tendenza sono gli intellettuali; ossia coloro cui spetta il compito di elaborare l'ideologia dei gruppi dominanti di cui sono al servizio. («L'ideologia dominante è l'ideologia della classe dominante»). Né ha la minima rilevanza che alcuni di questi intellettuali provengano da altri strati sociali: diventando degli intellettuali essi sono entrati automaticamente a far parte dell'élite intellettuale. Gli intellettuali sono per definizione un gruppo di élite.

Ma il dato piú rilevante in questo contesto, è che tutti i gruppi sociali, per quanto omogenei (e giustamente lo storico li prende in considerazione perlopiú in quanto tali), finiscono per generare un certo numero di individui atipici e di dissidenti: fenomeno particolarmente frequente tra gli intellettuali. E non intendo riferirmi qui alle solite dispute tra intellettuali che denotano una comune accettazione dei princiрî di fondo dell'ordinamento sociale; bensí proprio a coloro che non accettano tali principî. Nelle democrazie occidentali, questi ultimi, almeno nella misura in cui si riducono a un manipolo di oppositori, sono tollerati, e i loro esponenti possono trovare lettori e seguito; – e si potrebbe dire con un certo cinismo che sono tollerati perché né abbastanza numerosi né abbastanza influenti per costituire un reale pericolo. Per piú di quarant'anni mi sono portato dietro l'etichetta di «intellettuale»; negli ultimi anni, poi, mi sono sempre piú considerato – e sono stato considerato – un intellettuale dissidente. Il che si può anche spiegare facilmente: debbo essere uno dei pochi intellettuali ancora attivi venuto alla luce, se non proprio del sole splendente, certo degli ultimi bagliori della grande epoca vittoriana della fiducia e dell'ottimismo; sicché mi è ancor oggi difficile pensare a un mondo in continua e irreversibile decadenza. Nelle pagine che seguono, ho cercato di prendere le distanze dalle tendenze oggi prevalenti tra gli intellettuali occidentali e, in particolar modo, tra quelli inglesi; di dimostrare come e perché costoro siano a mio avviso del tutto fuori strada; di spezzare una lancia a favore di una considerazione del futuro non ottimistica, ma, certo, piú assennata ed equilibrata.

Lezione prima

Lo storico e i fatti storici

Che cos'è la storia? Risponderò a questa domanda – a meno che non la si voglia considerare assurda o superflua – analizzando due passi, tratti rispettivamente dalla prima e dalla seconda incarnazione della *Cambridge Modern History*. Ecco come si esprimeva Acton in una relazione dell'ottobre 1896 diretta ai responsabili della Cambridge University Press, parlando dell'opera che aveva accettato di dirigere:

« Essa offre la possibilità, piú unica che rara, di registrare integralmente, nella maniera piú acconcia per la massa dei lettori, il lascito che è sul punto di farci la scienza del secolo XIX... Grazie a un'accorta divisione del lavoro dovremmo essere in grado di giungere a ciò, e di far entrare nelle case di ogni lettore le piú recenti scoperte documentarie e le conclusioni piú meditate a cui sono giunti gli studiosi di ogni paese.

« La nostra generazione non è ancora in grado di dare una storia definitiva; possiamo, tuttavia, fornire una storia tradizionale, e indicare in qual misura ci siamo allontanati da quest'ultima per avvicinarci alla meta, visto che oggi ogni dato di fatto è a portata di mano e ogni problema è diventato passibile di soluzione » [1].

Quasi sessant'anni dopo sir George Clark, nell'introduzione generale alla seconda *Cambridge Modern History*, commentava questa fiducia di Acton e dei suoi collaboratori nella possibilità di riuscire a scrivere un giorno la « storia definitiva », e aggiungeva:

[1] *The Cambridge Modern History: Its Origin, Authorship and Production*, 1907, pp. 10-12.

« Gli storici della generazione successiva sono alieni da simili prospettive. Essi si aspettano che le loro ricerche vengano di volta in volta superate, e pensano che la conoscenza del passato si sia accumulata grazie al contributo e all'elaborazione di uno o piú individui, e pertanto non consista di atomi elementari, impersonali e inalterabili... La ricerca appare illimitata, e qualche studioso impaziente si rifugia nello scetticismo, o almeno nella teoria secondo cui, dato che ogni giudizio storico implica atteggiamenti e punti di vista individuali, tutti i giudizi si equivalgono e non esiste una verità storica "oggettiva" »[1].

Quando la contraddizione tra i dotti è cosí patente, il campo della ricerca è aperto. Spero di essere abbastanza al passo coi tempi per rendermi conto che tutto ciò che è stato scritto nell'ultimo decennio dell'Ottocento dev'essere una sciocchezza. Temo tuttavia di non esserlo ancora al punto di condividere l'atteggiamento di coloro per i quali tutto ciò che è stato scritto dopo il 1950 è necessariamente sensato e coerente. In realtà, il lettore avrà forse già compreso che la nostra domanda può condurci ad affrontare un problema ancor piú vasto di quello della natura della storia. La frattura esistente tra Acton e sir George Clark riflette il mutamento della visione complessiva della società verificatosi nel periodo che intercorre tra le due affermazioni. Acton proclama la fede positiva, l'intimo, chiaro convincimento della tarda età vittoriana, mentre sir George Clark riflette lo sconcerto e il confuso scetticismo della generazione dei *beatniks*. Allorché cerchiamo di rispondere alla domanda « Che cos'è la storia? », la nostra risposta riflette, con maggiore o minor consapevolezza, la nostra situazione odierna, ed è parte della risposta che diamo alla domanda « Qual è il nostro giudizio sulla società in cui viviamo? » Non temo certo che l'oggetto della nostra ricerca, considerato piú da vicino, possa rivelarsi insignificante: temo piuttosto che possa sembrare presuntuoso l'aver sollevato un problema cosí vasto e importante.

[1] *The New Cambridge Modern History*, I, 1957, pp. XXIV-XXV.

L'Ottocento è stato l'età d'oro dei fatti. « Ciò che esigo – diceva Mr Gradgrind in *Tempi difficili* – sono i Fatti... La vita ha bisogno unicamente di Fatti ». In complesso, gli storici del secolo scorso erano d'accordo con lui. Allorché verso il 1830 Ranke, nella sua giusta polemica con la storiografia moraleggiante, osservò che il compito dello storico era « semplicemente quello di mostrare come le cose erano andate (*wie es eigentlich gewesen*) », questo aforisma non troppo profondo ebbe uno straordinario successo. Tre generazioni di storici tedeschi, inglesi e perfino francesi entrarono in battaglia al suono delle fatate parole, simili a una formula magica, *wie es eigentlich gewesen* – volte, come la maggior parte delle formule magiche, a risparmiar loro la noiosa necessità di pensare con la propria testa. I positivisti, desiderosi di portare acqua al mulino della tesi della storia come scienza, contribuirono con il loro influsso a questo culto dei fatti. In Inghilterra questa visione della storia s'inseriva perfettamente nella tradizione empirista che rappresenta il filone dominante della filosofia inglese da Locke a Bertrand Russell. La gnoseologia empirista presuppone un'assoluta separazione tra soggetto e oggetto. I fatti, come gli stimoli sensoriali, colpiscono l'osservatore dall'esterno, e sono indipendenti dalla coscienza. Il processo con cui essi vengono accolti è passivo: dopo aver ricevuto i dati, l'osservatore li rielabora. Quell'utile ma tendenziosa opera della scuola empirista che è l'*Oxford Shorter English Dictionary*, sottolinea chiaramente la diversità dei due processi, definendo un fatto come « un dato dell'esperienza distinto dalle conclusioni che se ne possono trarre ». È questa, potremmo dire, l'immagine che il senso comune ha della storia. La storia consiste in un complesso di fatti accertati. Lo storico trova i fatti nei documenti, nelle iscrizioni e cosí via, come i pesci sul banco del pescivendolo. Lo storico li raccoglie, li porta a casa, li cucina e li serve nel modo che preferisce. Acton, che aveva gusti gastronomici alquanto austeri, esigeva che fossero serviti con semplicità. Nelle istruzioni inviate ai collaboratori della prima *Cambridge Modern History* egli affermava che « la nostra Waterloo dev'essere tale da soddisfare i francesi come gli inglesi, i tedeschi come gli olandesi; nessuno dev'essere in grado di dire, senza consultare l'indice degli autori, dove il vescovo di Oxford abbia posato la penna, e se a riprenderla siano stati Fairbairn o Gasquet, Liebermann o Harrison »[1]. Anche sir George Clark, pur criticando l'atteggiamento di Acton, ha contrapposto nella ricerca storica il « duro nocciolo rappresentato dai fatti » e la « polpa circostante costituita dalle interpretazioni, soggette a discussione »[2] – dimenticando, forse, che la parte polposa del frutto è piú nutriente del duro nocciolo. Prima mettete in ordine i fatti, poi gettateli pure a vostro rischio e pericolo nelle sabbie mobili dell'interpretazione: questo è il succo dell'immagine empirista, legata al senso comune, della storia. Viene in mente la frase prediletta del grande giornalista liberale C. P. Scott: « I fatti sono sacri, i giudizi sono liberi ».

È chiaro che tutto ciò non convince. Non intendo imbarcarmi in una discussione filosofica sulla natura della conoscenza che abbiamo del passato. Supponiamo, per i fini del nostro discorso, che il fatto che Cesare abbia passato il Rubicone e il fatto che c'è una tavola nel centro della stanza siano fatti dello stesso tipo, o di tipo analogo, e che entrambi posseggano lo stesso carattere di oggettività in relazione a colui che li conosce. Ma, nonostante questa supposizione, audace e non molto plausibile, incappiamo subito in una difficoltà: non tutti i fatti del passato sono fatti storici, o sono trattati come tali dallo storico. Qual è il criterio per distinguere i fatti storici dagli altri fatti del passato?

Che cos'è un fatto storico? Si tratta di una domanda fondamentale, che va analizzata un po' piú a fondo. Secondo l'immagine che il senso comune ha della storia, vi sono alcuni fatti fondamentali, identici per tutti gli storici, che formano, per cosí dire, la spina dorsale della storia – per esempio, il fatto che la battaglia di Hastings fu combattuta nel 1066. Ma a questo proposito bisogna osservare due cose. In primo luogo, lo storico non ha prevalente-

[1] J. ACTON, *Lectures on Modern History*, 1906, p. 318.
[2] Citato in « The Listener », 19 giugno 1952, p. 992.

mente a che fare con fatti come questi. Senza dubbio, è importante che la grande battaglia fu combattuta nel 1066 e non nel 1065 o nel 1067, e che fu combattuta a Hastings e non a Eastbourne o a Brighton. Su tutto ciò lo storico non deve fare affermazioni erronee. Ma allorché vengono sollevati problemi di questo tipo, mi viene in mente l'osservazione di Housman, che « l'accuratezza è un dovere, non una virtú » [1]. Lodare uno storico per la sua accuratezza equivale a lodare un architetto per il fatto di servirsi, nel costruire gli edifici, di legname ben stagionato o di cemento adeguatamente mescolato. Si tratta di una condizione necessaria della sua opera, non già della sua funzione essenziale. È appunto per problemi di questo tipo che lo storico può ricorrere a quelle che sono state definite « scienze ausiliarie » della storia: l'archeologia, l'epigrafia, la numismatica, la cronologia e via dicendo. Lo storico non è obbligato a possedere le capacità specifiche che fanno sí che lo specialista riesca a determinare l'origine e la datazione di un frammento di ceramica o di marmo, a decifrare un'iscrizione oscura, o a compiere i complessi calcoli astronomici necessari per stabilire con precisione una data. Questi cosiddetti fatti fondamentali, identici per tutti gli storici, costituiscono generalmente la materia prima dello storico e non la storia vera e propria. Le seconda osservazione è che la scelta di questi fatti fondamentali dipende non già da una qualità intrinseca dei fatti stessi, ma da una decisione *a priori* dello storico. Nonostante il motto di C. P. Scott, ogni giornalista d'oggi sa che il vero modo di influire sull'opinione pubblica consiste nello scegliere e nel disporre opportunamente i fatti. Si suol dire che i fatti parlano da soli: ma ciò è, ovviamente, falso. I fatti parlano soltanto quando lo storico li fa parlare: è lui a decidere quali fatti debbano essere presi in considerazione, in quale ordine e in quale contesto. Un personaggio di Pirandello, mi pare, dice che un fatto è come un sacco: non sta in piedi se non gli si mette qualcosa dentro. L'unico motivo per cui ci interessa sapere che nel 1066 si combatté una battaglia a Hastings è

[1] *M. Manilii Astronomicon: Liber Primus*, 2ª ed., 1937, p. 87.

che gli storici lo considerano un avvenimento storicamente importante. È lo storico ad aver deciso che, dal suo punto di vista, il passaggio compiuto da Cesare di un fiumiciattolo come il Rubicone, è un fatto storico, mentre il passaggio del Rubicone compiuto prima o dopo di allora da milioni di altri individui non c'interessa minimamente. Il fatto che uno di voi sia giunto mezz'ora fa a piedi, in bicicletta o in automobile in questo edificio è un fatto del passato esattamente come il fatto che Cesare abbia passato il Rubicone: eppure, molto probabilmente esso sarà ignorato dagli storici. Una volta il professor Talcott Parsons definí la scienza « un sistema selettivo di orientamenti conoscitivi della realtà » [1]. Forse, avrebbe potuto esprimersi con un po' piú di semplicità. In ogni caso, la storia è, tra l'altro, anche questo. Lo storico è costretto a scegliere. Credere in un duro nocciolo di fatti storici esistenti oggettivamente e indipendentemente dallo storico che li interpreta, è un errore assurdo, che tuttavia è molto difficile da estirpare.

Esaminiamo rapidamente il processo che tramuta un semplice fatto del passato in un fatto storico. Nel 1850 a Stalybridge Wakes, in seguito a un litigio senza importanza, un venditore di pan pepato fu freddamente linciato da una folla inferocita. Siamo di fronte a un fatto storico? Un anno fa, avrei risposto senza esitazione di no. Esso era stato registrato da un testimone oculare in un semiignorato libro di memorie [2]: tuttavia non mi era mai successo di vederlo citato in un libro di storia. Un anno fa il dottor Kitson Clark lo ricordò in una delle Ford Lectures da lui tenute a Oxford [3]. Ciò è sufficiente a trasformare il fatto in un fatto storico? Non ancora, a mio parere. Per ora, è stata avanzata la sua candidatura al ristretto club dei fatti storici: ora aspettiamo qualcuno che lo presenti e se ne faccia garante. Forse nei prossimi anni vedremo questo fatto comparire dapprima nelle note a piè di pagina, poi nel testo di articoli o libri dedicati all'Inghilterra nell'Ot-

[1] T. PARSONS e E. SHILS, *Towards a General Theory of Action*, 3ª ed., 1954, p. 167.
[2] G. SANGER, *Seventy Years a Showman*, 2ª ed., 1926, pp. 188-89.
[3] Esse appariranno tra breve sotto il titolo *The Making of Victorian England*.

tocento, e tra venti o trent'anni esso potrebbe essere diventato definitivamente un fatto storico. Oppure, può darsi che nessuno lo prenda in considerazione, nel qual caso esso ricadrebbe nel limbo dei fatti del passato privi di rilevanza storica, dal quale il dottor Kitson Clark ha tentato coraggiosamente di liberarlo. Che cos'è che porterà al verificarsi dell'una o dell'altra alternativa? Sarà, a mio parere, l'accettazione o meno da parte di altri storici della validità e dell'importanza della tesi o dell'interpretazione in riferimento alla quale Kitson Clark ha citato il fatto. L'esser considerato o meno un fatto storico dipende, quindi, da un problema d'interpretazione. Ciò vale per ogni fatto della storia.

Vorrei inserire a questo punto, se è lecito, un ricordo personale. Quando, molti anni fa, studiavo storia antica in questa università, scelsi come tema di una ricerca particolare la Grecia nell'età delle guerre persiane. Accumulai quindici o venti libri sugli scaffali della mia libreria, e non ebbi alcun dubbio che in quei volumi fossero raccolti tutti i fatti riguardanti il tema della mia ricerca. Supponiamo che quei libri contenessero – e in sostanza era così – tutti i fatti allora noti, o che potevano esserlo, relativi al problema. Non mi capitò mai di chiedermi per quale caso, o per quale processo di selezione, quei fatti particolari erano sopravvissuti tra la miriade di fatti che un giorno avevano dovuto essere noti a qualcuno, fino a diventare *i* fatti della storia. Ho il sospetto che ancora oggi uno dei motivi di fascino della storia dell'antichità e del Medioevo consista nel fatto di dare l'illusione che tutti i fatti storici siano a nostra disposizione e facilmente raggiungibili: l'irritante distinzione tra i fatti storici e gli altri fatti del passato scompare, in quanto i pochi fatti a noi noti sono tutti fatti storici. Bury, che aveva lavorato in entrambi i settori, disse che « la documentazione relativa alla storia dell'antichità e del Medioevo è costellata di lacune » [1]. La storia è stata paragonata a un'enorme sega verticale piena di denti mancanti. Ma il problema principale non è rappresentato dalle lacune. La nostra immagine del-

[1] J. B. BURY, *Selected Essays*, 1930, p. 52.

la Grecia del v secolo avanti Cristo è manchevole non tanto perché molti fatti sono andati perduti, ma piuttosto perché essa è, in complesso, l'immagine di un piccolo gruppo di individui abitanti ad Atene. Siamo ben informati su come appariva la Grecia del v secolo a un cittadino ateniese; sappiamo, invece, ben poco su come essa appariva a un abitante di Sparta, di Corinto o di Tebe – per non parlare di un persiano, di uno schiavo, o di un altro individuo residente ad Atene senza diritti di cittadinanza. L'immagine di cui disponiamo è stata preselezionata e predeterminata, non tanto dal caso quanto da individui che giudicavano degni di memoria soltanto quei fatti che confermavano la particolare concezione a cui, piú o meno consapevolmente, aderivano. Analogamente, quando mi capita di leggere in una recente storia del Medioevo che gli uomini di quell'età erano profondamente legati alla religione, mi chiedo in che modo sappiamo questo, e se sia vero. Ciò che sappiamo della storia medievale è stato trascelto per noi da generazioni di cronisti legati professionalmente alle dottrine e alle pratiche religiose, che pertanto giudicavano la religione estremamente importante, e registravano tutto ciò che si riferiva ad essa, e non molto altro. L'immagine della devozione religiosa dei contadini russi fu distrutta dalla rivoluzione del 1917. L'immagine, vera o falsa che sia, della devozione religiosa degli uomini del Medioevo è indistruttibile, giacché quasi tutto ciò che sappiamo sul loro conto è stato preselezionato, prima di giungere a noi, da individui che condividevano quell'immagine, e volevano che altri la condividessero, mentre un cumulo di altri fatti, che magari potevano dimostrare il contrario, è andato irrimediabilmente perduto. Le morte mani di generazioni, ormai scomparse, di storici, di scribi e di cronisti hanno modellato in modo irremissibile il passato. « La storia che leggiamo – scrive il professor Barraclough, che ha avuto anch'egli una formazione di medievalista – per quanto basata su fatti, non è, a parlar propriamente, composta di giudizi di fatto, bensí da una serie di giudizi tradizionalmente accettati » [1].

[1] G. BARRACLOUGH, *History in a Changing World*, 1955, p. 14.

Ma passiamo a esaminare la sorte, diversa ma altrettanto gravosa, degli storici dell'età moderna. Lo storico dell'antichità e del Medioevo può essere ben grato al vaglio grandioso che, nel corso degli anni, ha messo a sua disposizione un complesso di fatti storici tale da poter essere dominato e analizzato. Come disse Lytton Strachey, con la sua solita malizia, « l'ignoranza è il primo requisito dello storico, l'ignoranza che semplifica e chiarisce, che sceglie e tralascia »[1]. Quando, come talvolta mi succede, sono tentato di invidiare la straordinaria competenza dei miei colleghi che si occupano di storia antica o medievale, mi consolo pensando che essi sono cosí competenti soprattutto perché sanno cosí poco dell'oggetto delle loro ricerche. Lo storico dell'età moderna non gode di nessuno dei vantaggi di questa connaturata ignoranza. Egli si trova costretto a coltivare questa inevitabile ignoranza da solo – e ciò tanto piú quanto piú si avvicina al tempo in cui vive. Ha il duplice compito di scoprire i pochi fatti veramente importanti e di trasformarli in fatti storici, e di trascurare i molti fatti privi di importanza come non storici. Con ciò, ci troviamo esattamente all'opposto dell'eresia ottocentesca secondo cui la storia consisterebbe nell'elencare il maggior numero possibile di fatti oggettivi e inconfutabili. Chiunque cada in questa eresia, dovrà o rinunciare alla storia come a una fatica ingrata, per dedicarsi alla collezione dei francobolli o a consimili forme di mania antiquaria, o finire in manicomio. È quest'eresia che negli ultimi cento anni ha prodotto effetti cosí disastrosi sugli storici dell'età moderna, dando vita in Germania, in Inghilterra e negli Stati Uniti a una massa crescente di polverose storie erudite, di monografie estremamente specialistiche, e di sedicenti storici che sapevano sempre di piú a proposito di sempre meno, annegati senza lasciar traccia di sé in un oceano di fatti. Ho il sospetto che fosse quest'eresia – e non il presunto conflitto tra la fede cattolica e quella liberale – a soffocare l'attività storiografica di Acton. In uno dei suoi primi saggi egli scrisse a proposito del suo maestro Döllinger: « Egli non voleva scrivere ba-

[1] Lytton Strachey, prefazione a *Eminent Victorians*.

sandosi su una documentazione imperfetta, e per lui la documentazione era sempre imperfetta »[1]. Qui Acton pronunciava senza dubbio una sentenza anticipata su se stesso, su questo strano fenomeno di uno storico che, secondo il parere di molta gente, occupò piú degnamente di ogni altro la cattedra di Regius Professor di storia moderna in questa università, ma che non scrisse mai libri di storia. Acton scrisse il proprio epitaffio nella nota introduttiva al primo volume della *Cambridge Modern History*, apparso poco dopo la sua morte, allorché lamentò che le conoscenze che si richiedono a uno storico « minacciano di fare di lui, anziché un uomo di cultura, un compilatore di enciclopedie »[2]. C'era in tutto ciò qualcosa di errato: e precisamente, il credere in quest'accumulo instancabile e illimitato di solidi fatti come fondamento della storia, il credere che i fatti parlino da soli e che i fatti noti non siano mai abbastanza; un atteggiamento, questo, cosí scontato a quel tempo, che pochi storici credevano necessario – e qualcuno non lo crede necessario neppure oggi – porsi la domanda: che cos'è la storia?

Il feticismo ottocentesco per i fatti era integrato e garantito dal feticismo per i documenti. I documenti costituivano l'Arca del Patto nel tempio dei fatti. Lo storico si avvicinava ad essi in atto riverente, con animo sottomesso, e ne parlava in tono colmo di rispetto. Se una cosa si trova nei documenti, allora è cosí, e basta. Ma che cosa ci dicono i documenti, i decreti, i trattati, i libri mastri, i libri azzurri, i carteggi ufficiali, le lettere private e i diari – allorché ci accostiamo a loro? Nessun documento è in grado di dirci di piú di quello che l'autore pensava – ciò che egli pensava che fosse accaduto, ciò che egli pensava che avrebbe dovuto accadere o sarebbe accaduto, o forse soltanto ciò che egli voleva che altri pensassero che egli pensasse, o anche semplicemente ciò che egli pensava di pensare. Tutto ciò non vuol dire nulla finché lo storico

[1] Citato da G. P. GOOCH, *History and Historians in the Nineteenth Century*, p. 385; successivamente Acton disse a proposito di Döllinger che « egli ebbe la possibilità di plasmare la sua filosofia della storia sulla base della piú estesa massa di dati che mai individuo ebbe a disposizione » (*History of Freedom and Other Essays*, 1907, p. 435).

[2] *Cambridge Modern History*, I, 1902, p. 4.

non si è messo al lavoro e non ha compiuto la sua opera di decifrazione. Prima di poter servirsi dei fatti, che siano stati trovati o no nei documenti, lo storico deve rielaborarli: l'uso che egli ne fa è, se posso dir cosí, l'elaborazione di un'elaborazione.

Illustrerò ciò che voglio dire con un esempio che mi è ben noto. Allorché Gustav Stresemann, il ministro degli Esteri della repubblica di Weimar, morí nel 1929, lasciò una massa enorme di documenti – trecento scatole piene zeppe – ufficiali, semiufficiali e privati, che si riferivano quasi tutti all'attività compiuta nel corso di sei anni in qualità di ministro degli Esteri. Com'era naturale, amici e parenti giudicarono necessario erigere un monumento alla memoria del grand'uomo. Il fedele segretario Bernhard si mise al lavoro, e tre anni dopo apparvero tre grossi volumi, di circa seicento pagine ciascuno, di documenti trascelti dalle trecento scatole, intitolati solennemente *Stresemanns Vermächtnis* (*L'eredità di Stresemann*). Se le cose fossero andate normalmente, i documenti si sarebbero consumati in qualche soffitta o in qualche cantina, scomparendo per sempre; oppure, vi si sarebbe imbattuto dopo un secolo un erudito curioso, che avrebbe cominciato a confrontarli con il testo fornito da Bernhard. In realtà, ciò che avvenne fu ben piú drammatico. Nel 1945 i documenti caddero nelle mani dei governi inglese e americano, che fecero fotografare il tutto e misero le copie fotostatiche a disposizione degli studiosi presso il Public Record Office a Londra e i National Archives a Washington: in tal modo, chi abbia la curiosità e pazienza necessarie, può scoprire come Bernhard abbia propriamente agito. Il suo comportamento non fu né insolito né stupefacente. Allorché Stresemann morí, la sua politica verso l'Europa occidentale sembrava coronata da una serie di splendidi successi – Locarno, l'ammissione della Germania alla Lega delle Nazioni, il piano Dawes e il piano Young e i prestiti americani, l'abbandono della Renania da parte delle truppe d'occupazione alleate. Tutto ciò sembrava costituire la parte importante e meritoria della politica estera di Stresemann: non c'è, quindi, da stupirsi che essa abbia fatto la parte del leone nella scelta dei documenti operata da

Bernhard. La politica di Stresemann verso l'Europa orientale, d'altro canto, e cioè i suoi rapporti con l'Unione Sovietica, sembrava non aver conseguito alcun successo tangibile: pertanto, dato che una massa di documenti riguardanti negoziati conclusi con risultati insignificanti avevano scarso interesse e non aggiungevano nulla alla fama di Stresemann, si poté ricorrere a criteri di scelta piú severi. Di fatto, Stresemann dedicò un'attenzione ben piú ansiosa e continua ai rapporti con l'Unione Sovietica, rapporti che ebbero nel complesso della sua politica estera un peso molto maggiore di quanto un lettore della silloge di Bernhard possa supporre. Temo, tuttavia, che i volumi curati da Bernhard siano piú attendibili di molte pubblicazioni di documenti in cui gli storici sogliono riporre cieca fiducia.

Ma la storia non finisce qui. Poco dopo la pubblicazione dei volumi curati da Bernhard, Hitler salí al potere. In Germania si impose il silenzio sul nome di Stresemann, e i volumi sparirono dalla circolazione: molte copie, se non la maggior parte, furono probabilmente distrutte. Oggi, *L'eredità di Stresemann* è un libro piuttosto raro. Ma in Occidente Stresemann continuò a godere di un'alta reputazione. Nel 1935 un editore inglese pubblicò una traduzione abbreviata del lavoro di Bernhard – cioè una scelta della scelta di Bernhard: forse un terzo dell'edizione originale fu tralasciato. Sutton, noto traduttore dal tedesco, fece il suo lavoro con precisione e competenza. La traduzione inglese, com'egli spiegò nella prefazione, era « leggermente abbreviata, ma solo in quanto era stata tralasciata una certa massa di materiale che era sembrato di natura piú effimera... e di scarso interesse per il pubblico e per gli studiosi inglesi »[1]. Anche qui, non c'è molto da stupirsi. Ma il risultato di ciò è che la politica di Stresemann verso l'Europa orientale, che già nella silloge di Bernhard risultava mal rappresentata, assumeva proporzioni ancora minori, cosicché l'Unione Sovietica appariva nei volumi curati da Sutton esclusivamente sotto forma di intruso ca-

[1] *Gustav Stresemann, His Diaries, Letters and Papers*, I, 1935, nota del curatore.

pitato per caso e non troppo ben accolto nel contesto della politica estera di Stresemann, volta in prevalenza verso Occidente. Eppure, si può affermare con sicurezza che, tranne per pochi specialisti, è Sutton e non Bernhard – e tanto meno i documenti veri e propri – a rappresentare per il mondo occidentale l'autentica voce di Stresemann. Se i documenti fossero stati distrutti nel 1945 sotto un bombardamento, e le copie superstiti della silloge di Bernhard fossero scomparse, l'autenticità e la attendibilità dei volumi curati da Sutton non sarebbero mai state messe in discussione. Molte pubblicazioni di raccolte documentarie, accolte dagli storici con gratitudine per l'assenza degli originali, poggiano su basi non molto piú sicure di queste.

Ma vorrei aggiungere ancora qualcosa al mio racconto. Dimentichiamo Bernhard e Sutton, e consideriamoci fortunati per il fatto di poter consultare, se vogliamo farlo, i documenti autentici di uno dei protagonisti di alcuni eventi di grande importanza della recente storia d'Europa. Che cosa ci dicono i documenti? Tra l'altro, essi contengono i resoconti di qualche centinaio di conversazioni avute da Stresemann con l'ambasciatore sovietico a Berlino e di circa altrettante avute con Čičerin. Questi resoconti presentano tutti una caratteristica comune. In essi Stresemann risulta avere la parte del leone nelle conversazioni e le sue argomentazioni appaiono sempre chiare e stringenti, mentre quelle dei suoi interlocutori appaiono generalmente povere, confuse e poco convincenti. Questo tratto caratterizza tutti i resoconti di conversazioni diplomatiche. I documenti non ci dicono che cosa avvenne, ma unicamente che cosa Stresemann pensava fosse avvenuto, o che cosa egli voleva che gli altri pensassero fosse avvenuto, o, forse, che cosa egli stesso voleva credere che fosse avvenuto. Non fu Sutton o Bernhard, ma lo stesso Stresemann a cominciare la scelta. E se disponessimo, per esempio, dei resoconti delle stesse conversazioni elaborati da Čičerin, apprenderemmo da essi unicamente che cosa Čičerin pensava, mentre ciò che veramente accadde dovrebbe essere ancora ricostruito nella mente dello storico. Naturalmente, i fatti e i documenti sono indispensabili allo storico: tuttavia non bisogna farsene dei feticci. Da soli, essi non fanno un'opera di storia, e nemmeno forniscono una risposta bell'e fatta alla noiosa domanda « Che cos'è la storia? »

A questo punto vorrei spendere qualche parola sul problema dell'indifferenza di quasi tutti gli storici dell'Ottocento nei confronti della filosofia della storia. Il termine fu inventato da Voltaire, e da allora fu usato con significati molto diversi: io me ne servirò – se me ne servirò – per rispondere alla domanda « Che cos'è la storia? » Per gli intellettuali dell'Europa occidentale l'Ottocento fu un'età piacevole, permeata di sicurezza e di ottimismo. I fatti erano, in complesso, soddisfacenti; di conseguenza, si era ben poco propensi a porsi o a rispondere a domande imbarazzanti riguardo ad essi. Ranke aveva una pia fiducia nel fatto che la divina provvidenza si sarebbe presa cura del senso della storia se egli si fosse preso cura dei fatti; Burckhardt, con una piú moderna sfumatura di cinismo, osservava che « non siamo al corrente dei fini dell'eterna sapienza ». Ancora nel 1931 il professor Butterfield notava con apparente compiacimento che « gli storici hanno riflettuto scarsamente sulla natura delle cose e perfino sulla natura del loro oggetto di ricerca »[1]. Con maggior senso critico, tuttavia, il dottor A. L. Rowse, che mi ha preceduto in questo ciclo di lezioni, scriveva a proposito della *World Crisis* di Winston Churchill – la sua opera sulla prima guerra mondiale – che, pur rivaleggiando in originalità, vivacità e vitalità con la *Storia della rivoluzione russa* di Trockij, le era tuttavia inferiore da un punto di vista, in quanto cioè « non aveva dietro di sé nessuna filosofia della storia »[2]. Gli storici inglesi rifiutarono di scendere su questo terreno, perché credevano, non già che la storia fosse priva di significato, ma che questo fosse ovvio e chiaro di per sé. La concezione della storia propria del liberalismo ottocentesco mostra strette affinità con la dottrina economica del *laissez-faire*, prodotto anch'essa di un sereno e fiducioso atteggiamento verso il mondo. Ognuno doveva fare il proprio mestiere: la « mano occul-

[1] H. BUTTERFIELD, *The Whig Interpretation of History*, 1931, p. 67.
[2] A. L. ROWSE, *The End of an Epoch*, 1947, pp. 282-83.

ta» avrebbe garantito l'armonia universale. I fatti della storia costituivano una dimostrazione del fatto supremo, e cioè dell'esistenza di un'evoluzione benefica e apparentemente illimitata verso mete sempre piú elevate. Era l'età dell'innocenza, e gli storici vagavano per il giardino dell'Eden senza uno straccio di filosofia per coprirsi, ignudi e senza vergogna dinanzi al dio della storia. Dopo di allora, abbiamo conosciuto il Peccato e abbiamo vissuto l'esperienza della Caduta: e gli storici che, al giorno d'oggi, fingono di fare a meno di una filosofia della storia, cercano semplicemente di ricreare, con l'artificiosa ingenuità dei membri di una colonia nudista, il giardino dell'Eden in un parco di periferia. Oggi non possiamo piú evitare di rispondere all'imbarazzante domanda.

Negli ultimi cinquant'anni sono apparsi numerosi libri di valore che tentavano di rispondere alla domanda « Che cos'è la storia? » La prima sfida alla teoria del primato e dell'autonomia dei fatti nella storia partí, nel periodo 1880-1900, dalla Germania, dal paese cioè che doveva contribuire in misura cosí notevole a travolgere il pacifico dominio del liberalismo ottocentesco. I filosofi che iniziarono la sfida sono oggi meri nomi, o poco piú: l'unico di essi ad aver fruito in Inghilterra di una sorta di tardivo riconoscimento, è Dilthey. Prima della fine dell'Ottocento vi erano ancora in Inghilterra una prosperità e una fiducia troppo grandi perché qualcuno prestasse attenzione agli eretici che attaccavano il culto dei fatti. Ma all'inizio del nuovo secolo la fiaccola passò all'Italia, dove Croce cominciò a presentare una filosofia della storia che chiaramente si riallacciava per molti aspetti alla cultura tedesca. Ogni storia è « storia contemporanea » affermò Croce [1] vo-

[1] Ecco la citazione integrale del passo in cui si situa il celebre aforisma: «Il bisogno pratico, che è nel fondo di ogni giudizio storico, conferisce a ogni storia il carattere di "storia contemporanea", perché, per remoti e remotissimi che sembrino cronologicamente i fatti che vi entrano, essa è, in realtà, storia sempre riferita al bisogno e alla situazione presente, nella quale quei fatti propagano le loro vibrazioni» [B. CROCE, *La storia come pensiero e come azione*, Bari 1938, p. 5] (trad. ingl.: *History as the Story of Liberty*, 1941, p. 19).

lendo dire con ciò che la storia consiste essenzialmente nel guardare il passato con gli occhi del presente e alla luce dei problemi del presente, e che l'attività essenziale dello storico non è di catalogare i fatti, bensí di darne un giudizio; giacché, se non si dànno giudizi, come si fa a sapere ciò che val la pena di catalogare? Nel 1910, lo storico americano Carl Becker sostenne, con una formula deliberatamente provocatoria, che « i fatti storici non esistono finché lo storico non li crea »[1]. In un primo momento queste dichiarazioni di sfida passarono piú o meno inosservate. Soltanto dopo il 1920 Croce cominciò a diventare di moda in Francia e in Inghilterra: e questo non perché Croce fosse un pensatore piú sottile o uno scrittore piú captante dei suoi precursori tedeschi, ma piuttosto perché, dopo la prima guerra mondiale, i fatti apparivano rivestiti di colori meno rosei in confronto agli anni anteguerra, e il pubblico colto inglese era maggiormente disposto ad accogliere una filosofia che cercava per l'appunto di scalzare il prestigio dei fatti. Croce esercitò un notevole influsso sul filosofo e storico oxoniense Collingwood, l'unico pensatore inglese di questo secolo che abbia portato un serio contributo alla filosofia della storia. Collingwood non visse abbastanza per riuscire a scrivere, come aveva in animo, un'opera di carattere sistematico; ma i suoi contributi editi e inediti su questi problemi furono raccolti dopo la sua morte in un volume, apparso nel 1945, dal titolo *The Idea of History*.

La concezione di Collingwood può essere riassunta cosí. La filosofia della storia non tratta né del « passato in quanto tale » né delle « concezioni dello storico in quanto tali » ma di « entrambi i termini visti nei loro rapporti reciproci ». (Quest'affermazione riflette la duplice accezione della parola « storia » – la ricerca dello storico e la serie degli eventi del passato che sono l'oggetto di questa ricerca). « Il passato che lo storico studia non è un passato morto, fossilizzato, ma un passato che in certo modo sopravvive ancora nel presente ». Ma un evento passato è morto, cioè privo di significato per lo storico, a meno che

[1] « Atlantic Monthly », ottobre 1910, p. 528.

egli non comprenda il pensiero che esso sottintende. Pertanto « ogni storia è storia del pensiero », e « la storia è il processo mediante il quale lo storico rivive interiormente il pensiero che sottostà alla storia che sta studiando ». Il processo per cui lo storico rivive interiormente il passato si fonda su una serie di accertamenti di ordine empirico: tuttavia esso non è, in sé, un processo empirico, e non può consistere in un semplice elenco di eventi. Al contrario, il processo di ricostruzione guida la scelta e l'interpretazione dei fatti, e anzi trasforma questi ultimi in fatti storici. « La storia – afferma il professor Oakeshott, che su questo punto è su posizioni analoghe a quelle di Collingwood – è l'esperienza dello storico. Essa non è fatta da altri se non dallo storico, e scrivere storia è l'unica maniera di farla »[1].

Questa penetrante critica, pur porgendo il fianco a riserve non trascurabili, mette in evidenza alcune verità finora trascurate.

In primo luogo, i fatti storici non ci giungono mai in forma « pura », dal momento che in questa forma non esistono e non possono esistere: essi ci giungono sempre riflessi nella mente di chi li registra. Ne consegue che, quando cominciamo a leggere un libro di storia, dobbiamo occuparci anzitutto dello storico che l'ha scritto, e solo in un secondo tempo dei fatti che esso prende in esame. Farò un esempio riferendomi al grande storico in onore del quale fu istituito questo ciclo di lezioni che porta il suo nome. Trevelyan, com'egli racconta nella sua autobiografia, crebbe « in un ambiente familiare permeato in modo perfino eccessivo dalla tradizione whig »[2]: e immagino che egli non si adonterebbe se lo definissi come l'ultimo, e non certo trascurabile, rappresentante dei grandi storici liberali inglesi di tradizione whig. Non è un caso che tra i suoi antenati si trovi, oltre al grande storico whig George Otto Trevelyan, colui che fu senza dubbio il massimo tra gli storici whig, e cioè Macaulay. Il libro piú bel-

[1] M. OAKESHOTT, *Experience and Its Modes*, 1933, p. 99.
[2] G. M. TREVELYAN, *An Autobiography*, 1949, p. 11.

lo e piú maturo di Trevelyan, *England under Queen Anne*, fu scritto in questo contesto, e soltanto se letto in questo contesto può essere inteso pienamente in tutto il suo significato. In realtà, il lettore che ometta di far ciò è senza scusanti da parte dell'autore. Se, seguendo la tecnica dei competenti di libri gialli, cominciamo a leggere il libro dalla fine, c'imbatteremo, nelle ultime pagine del terzo volume, in quello che è, a mio parere, il miglior quadro sintetico della cosiddetta tradizione storiografica whig: e ci accorgeremo che Trevelyan cerca per l'appunto di ricostruire le origini e lo sviluppo di questa tradizione whig, sviluppo che egli pone giustamente negli anni immediatamente successivi alla morte del suo fondatore, Guglielmo III. Anche se questa non è forse l'unica interpretazione possibile degli eventi svoltisi durante il regno della regina Anna, si tratta comunque di un'interpretazione ben fondata che, nelle mani di Trevelyan, ha dato buoni frutti. Tuttavia, per apprezzarla pienamente, bisogna che ci rendiamo conto di ciò che lo storico intende fare. Se, come afferma Collingwood, lo storico deve rivivere interiormente ciò che si è svolto nella mente delle sue *dramatis personae*, il lettore deve a sua volta rivivere ciò che si svolge nella mente dello storico. Prima di studiare i fatti bisogna studiare lo storico che li espone. Dopo tutto, si tratta di un consiglio meno stravagante di quanto sembri a prima vista. Lo studente intelligente che, quando gli vien detto di leggere il libro del grande studioso Tizio del St Jude's College, va da un amico che sta a St Jude's e gli chiede che tipo sia Tizio e quali siano i suoi pallini, si comporta nello stesso modo. Quando leggiamo un libro di storia dobbiamo sempre stare con le orecchie tese per sentire che cosa frulla nella testa dello storico. Se non sentiamo niente, o siamo sordi o lo storico in questione non ha nulla da dirci. In realtà i fatti storici non si possono minimamente paragonare a pesci allineati sul banco del pescivendolo. Piuttosto, li potremmo paragonare a pesci che nuotano in un oceano immenso e talvolta inaccessibile: e la preda dello storico dipende in parte dal caso, ma soprattutto dalla zona dell'oceano in cui egli ha deciso di pescare e dagli arnesi che adopera: va da sé che questi due elementi dipendono a loro volta dal genere di pesci che si vuole acchiappare. In complesso, lo storico s'impadronisce del tipo di fatti che ha deciso di cercare. La storia è essenzialmente interpretazione. Se, rovesciando l'affermazione di sir George Clark, asserissi che la storia consiste « in un duro nocciolo di interpretazioni circondato da una polpa di fatti piú o meno discutibili », la mia affermazione sarebbe, certo, unilaterale e sviante, ma, se mi è lecito dirlo, non piú di quanto lo sia la frase originaria.

Il secondo punto è assai piú noto: si tratta della capacità che lo storico deve possedere di rappresentarsi e comprendere la mentalità degli uomini che studia, e i pensieri che i loro atti sottintendono. Ho detto « capacità di rappresentarsi e comprendere » e non « simpatia », per timore che il termine « simpatia » fosse inteso come equivalente a consenso. La storiografia ottocentesca raggiunse una scarsa comprensione del Medioevo, perché provava un disgusto troppo forte per le superstiziose credenze di quell'età e le barbarie che esse ispirano, per poter rappresentarsi e comprendere gli uomini di allora. Oppure prendiamo la nota di biasimo di Burckhardt riguardo alla guerra dei Trent'Anni: « È vergognoso che una confessione religiosa, cattolica o protestante che sia, ponga la salvezza dell'anima al di sopra dell'integrità della nazione »[1]. Per uno storico liberale dell'Ottocento, educato a credere che sia giusto e lodevole uccidere in difesa del proprio paese, ma turpe e ingiusto uccidere in difesa della propria religione, era estremamente difficile riuscire a entrare nella mentalità degli uomini che combatterono la guerra dei Trent'Anni. Questa difficoltà è particolarmente acuta nel settore delle mie attuali ricerche. Gran parte di ciò che è stato scritto negli ultimi dieci anni nei paesi anglosassoni a proposito dell'Unione Sovietica, e nell'Unione Sovietica a proposito dei paesi anglosassoni, è inficiato da questa incapacità di rappresentarsi e comprendere in misura anche minima ciò che pensa la parte avversa, cosicché le parole

[1] J. BURCKHARDT, *Judgements on History and Historians*, trad. ingl., 1959, p. 179.

e le azioni altrui sono sempre presentate come malvage, assurde o ipocrite. Non si può scrivere storia se lo storico non raggiunge una qualche sorta di contatto con la mentalità di coloro di cui sta scrivendo.

Il terzo punto è che noi possiamo guardare al passato e comprenderlo soltanto con gli occhi del presente. Lo storico vive nel suo tempo: le condizioni stesse dell'esistenza lo legano ad esso. Le stesse parole che egli usa – parole come democrazia, impero, guerra, rivoluzione – hanno una serie di connotazioni nel linguaggio comune da cui è impossibile prescindere. Gli storici dell'antichità hanno preso l'abitudine di usare termini come *polis* e *plebs* nella lingua originale, appunto per indicare che non sono caduti nella trappola. Ma si tratta di un espediente che non serve a nulla. Anch'essi vivono nel presente, e non possono introdursi di soppiatto nel passato per il fatto di servirsi di parole estranee al linguaggio corrente o fuori moda, cosí come non diventerebbero migliori storici della Grecia o di Roma per il fatto di pronunciare le loro lezioni avvolti in una clamide o in una toga. I termini con cui gli storici francesi hanno via via descritto le folle parigine che hanno avuto una parte cosí importante nella Rivoluzione francese – *les sans-culottes*, *le peuple*, *la canaille*, *les bras-nus* – sono, per chi conosca le regole del gioco, manifesti di una particolare posizione politica e di una particolare linea interpretativa. Eppure, lo storico è costretto a scegliere: l'uso del linguaggio non gli consente di restare neutrale. E non si tratta unicamente di un problema di parole. Negli ultimi cento anni il mutamento dei rapporti di forza tra gli Stati europei ha rovesciato l'atteggiamento degli storici inglesi verso Federico il Grande. Il mutamento dei rapporti di forza tra cattolici e protestanti entro le chiese cristiane ha profondamente modificato il loro atteggiamento verso figure come sant'Ignazio, Lutero o Cromwell. Basta una conoscenza superficiale della storiografia francese sulla Rivoluzione francese dell'ultimo quarantennio per rendersi conto del profondo influsso esercitato su di essa dalla Rivoluzione russa del 1917. Lo storico non appartiene al passato ma al presente. Il professor Trevor-Roper ci dice che lo storico « dovrebbe amare il passato »[1]. È un'esortazione ambigua. L'amore per il passato può essere in molti casi l'espressione del nostalgico romanticismo degli individui o delle società giunti ormai alla vecchiaia, o un sintomo di una perdita di fede e interesse nel presente o nel futuro[2]. Se proprio si vuol ricorrere a un cliché, allora preferisco quello della liberazione dal « peso morto del passato ». La funzione dello storico non consiste né nell'amare il passato né nel liberarsi del passato, bensí nel rendersene padrone e nel comprenderlo, per giungere cosí alla comprensione del presente.

Se, tuttavia, questi sono alcuni degli aspetti positivi di quella che vorrei chiamare concezione collingwoodiana della storia, dobbiamo ora prendere in esame i pericoli che essa nasconde. L'accentuazione dell'importanza dello storico nel farsi della storia, tende, se portata alle sue logiche conseguenze, ad abolire ogni obiettività storiografica: la storia è l'attività stessa dello storico. In realtà, sembra che a un certo punto Collingwood sia giunto a questa conclusione, come risulta da un appunto inedito citato dal curatore dei suoi scritti sulla storia:

« Sant'Agostino considerava la storia dal punto di vista di un cristiano dei primi secoli; Tillamont, da quello di un francese del Seicento; Gibbon, da quello di un inglese del Settecento; Mommsen, da quello di un tedesco dell'Ottocento. Chiedersi quale sia il punto di vista giusto, non ha senso. Ognuno di questi punti di vista era l'unico possibile per colui che l'assunse »[3].

Questa posizione, come l'osservazione di Froude secondo cui la storia è « simile a quelle scatole da gioco per bambini, piene di cubi con le lettere dell'alfabeto, con cui si

[1] Introduzione a J. BURCKHARDT, *Judgements on History and Historians*, trad. ingl., 1959, p. 17.

[2] Si veda a questo proposito il giudizio di Nietzsche sulla storia: « Ma alla vecchiaia convengono occupazioni da vecchi: guardare indietro, passare in rassegna, fare bilanci, cercare una consolazione negli avvenimenti del passato, evocare ricordi, in breve: cultura storica » [*Considerazioni sulla storia*, trad. it., Torino 1943, p. 76] (trad. ingl.: *Thoughts Out of Season*, 1909, II, pp. 65-66).

[3] R. COLLINGWOOD, *The Idea of History*, 1946, p. XII.

può scrivere tutto ciò che si vuole »[1], implica un totale scetticismo. Nella sua reazione contro la « storia forbici-e-colla », contro la concezione di una storia meramente compilatoria, Collingwood giunge pericolosamente vicino al considerare la storia come qualcosa che spunta dal cervello degli uomini, riportandoci alla conclusione riferita da sir George Clark nel passo citato poc'anzi, secondo cui non esisterebbe una « verità storica "oggettiva" ». Al posto della teoria dell'assenza di significato della storia, ci viene offerta la teoria degli infiniti significati, tutti egualmente legittimi, della storia – il che è press'a poco lo stesso. La seconda teoria è altrettanto insostenibile della prima. Il fatto che una montagna assuma forme diverse a seconda dei punti di vista dell'osservatore non implica che essa non abbia alcuna forma oggettiva, oppure un'infinità di forme. Il fatto che quando si tratta di stabilire i fatti storici entri in gioco necessariamente l'interpretazione, e il fatto che sia impossibile giungere a un'interpretazione del tutto oggettiva, non implicano che un'interpretazione valga l'altra, o che i fatti storici non possano, in linea di principio, essere sottoposti a un'interpretazione oggettiva. Vedremo piú avanti che cosa si debba precisamente intendere con l'espressione « oggettività storica ».

Ma l'ipotesi di Collingwood nasconde un rischio ancora maggiore. Se è inevitabile che lo storico guardi il periodo che studia con gli occhi del proprio tempo, e studi i problemi del passato per arrivare a comprendere quelli del presente, non si finirà per cadere in una visione meramente pragmatica dei fatti, assumendo come canone interpretativo l'adattabilità o meno a un fine di carattere immediato? Secondo questa ipotesi, i fatti non contano nulla e ciò che conta è soltanto l'interpretazione. Tale principio era già stato formulato da Nietzsche: « Per noi, la falsità di un'opinione non costituisce un'obiezione... Ciò che conta è fino a qual punto essa prolunghi la vita, la protegga, protegga la specie e eventualmente la crei »[2]. I pragmatisti americani si mossero nella stessa direzione,

[1] A. FROUDE, *Short Studies on Great Subjects*, I, 1894, p. 21.
[2] *Al di là del bene e del male*, cap. I.

anche se in maniera meno esplicita e con minore slancio. La conoscenza è conoscenza per uno scopo; la validità della conoscenza dipende dalla validità dello scopo. Ma anche quando non si è arrivati a formulare esplicitamente questa teoria, ci si è comportati, spesso, in modo altrettanto inquietante. Ho visto nel mio campo di studio troppi casi di interpretazioni stravaganti e deliberatamente prescindenti dai fatti per non essere consapevole della realtà di questo pericolo. Nessuno si stupirà del fatto che la lettura di alcuni dei prodotti piú tipici della storiografia sovietica e antisovietica faccia talvolta pensare con una certa nostalgia all'illusorio porto ottocentesco di una storia puramente fattuale.

Come dobbiamo dunque definire, a metà del secolo ventesimo, i doveri dello storico riguardo ai fatti? Penso di aver dedicato abbastanza tempo in questi ultimi anni a classificare e leggere documenti, e a riempire i miei libri di storia con fatti debitamente inseriti in note a piè di pagina, per sottrarmi all'accusa di trattare fatti e documenti con eccessiva disinvoltura. Il dovere dello storico di rispettare i fatti non si limita all'obbligo di accertare l'esattezza dei fatti da lui registrati. Egli deve cercare di inserire nel proprio quadro tutti i fatti conosciuti o conoscibili che abbiano un certo rilievo, in un senso o nell'altro, per il tema della ricerca o per l'interpretazione proposta. Se egli vuol raffigurare gli inglesi dell'età vittoriana come esseri morali e razionali, non deve dimenticare ciò che avvenne a Stalybridge Wakes nel 1850. D'altra parte tutto ciò non significa che si possa prescindere dall'interpretazione, che è la linfa vitale della storia. Talvolta i profani – cioè i miei amici estranei al mondo universitario, oppure adepti di altre discipline universitarie – mi chiedono come lavora lo storico allorché scrive un libro. In genere si suppone che lo storico divida il suo lavoro in due fasi o periodi nettamente distinti. Dapprima, egli passa un lungo periodo preliminare leggendo le fonti e riempiendo quaderni di fatti; poi, finita questa fase, mette da parte le fonti, tira fuori i quaderni di appunti e scrive il libro dal principio alla fine. Questo quadro mi sembra improbabile e scarsamente convincente. Per quanto mi riguarda, appena mi sono inoltrato in alcune delle fonti notoriamente essenziali, mi incominciano a prudere le mani e mi metto a scrivere – non necessariamente dall'inizio, ma da un punto qualsiasi. Da questo momento il leggere e lo scrivere vanno avanti parallelamente. Ritorno su ciò che ho scritto, faccio aggiunte, tagli, correzioni, cancellature, e mi rimetto a leggere. La mia lettura è guidata, diretta e resa piú proficua da ciò che ho scritto: piú scrivo e piú mi rendo conto di ciò che sto cercando, e insieme capisco meglio il significato e l'importanza di ciò che trovo. Probabilmente alcuni storici compiono questa stesura preliminare mentalmente, senza ricorrere a penna, carta e macchina da scrivere, esattamente come certi individui giocano a scacchi mentalmente, senza aver bisogno né di scacchiere né di pezzi: è una dote che invidio ma che mi manca assolutamente. Tuttavia rimango convinto che per ogni storico degno di questo nome, i due processi dell'*input* e dell'*output*, come li chiamano gli economisti, procedono parallelamente e sono in pratica parti di un unico processo. Chi tentasse di scinderli o di accentuare uno ai danni dell'altro, cadrebbe in una di queste due eresie: o scriverebbe una storia del tipo forbici-e-colla, senza importanza e senza significato; oppure scriverebbe della propaganda o un romanzo storico, servendosi dei fatti del passato unicamente per infiorare un lavoro che non ha niente a che fare con la storia.

Pertanto, l'esame or ora compiuto del rapporto tra lo storico e i fatti storici ci lascia in una situazione apparentemente precaria, naviganti rischiosamente tra Scilla, cioè un'insostenibile concezione della storia come compilazione obiettiva di fatti, e assoluto primato dei fatti sul momento interpretativo, e Cariddi, cioè una concezione altrettanto insostenibile della storia come prodotto soggettivo della mente dello storico, che crea i fatti storici e li domina mediante il processo interpretativo: tra una concezione della storia che ha il proprio centro di gravità nel passato e un'altra concezione che ha il proprio centro di gravità nel presente. Ma la nostra situazione è meno precaria di quanto sembri. Nel corso di queste lezioni ci imbatteremo nella stessa dicotomia tra fatti e interpretazioni, anche se sotto altre forme – il particolare e il generale, l'empirico e il teorico, l'oggettivo e il soggettivo. Lo storico si trova nella situazione di chi rifletta sulla natura dell'uomo. Tranne che nella primissima infanzia e nell'estrema vecchiezza l'uomo non è mai totalmente coinvolto nell'ambiente che lo circonda o incondizionatamente determinato da esso. D'altro canto, egli non è mai del tutto indipendente dall'ambiente, al punto di dominarlo incondizionatamente. Il rapporto tra l'uomo e l'ambiente che lo circonda è analogo al rapporto tra lo storico e l'oggetto della sua ricerca. Lo storico non è né l'umile schiavo né il tirannico padrone dei fatti. Il rapporto tra lo storico e i fatti si svolge su un piano di parità, di scambio reciproco. Chiunque faccia professione di storico, sa, se si ferma un istante a riflettere sul senso del proprio lavoro, che lo storico è perpetuamente intento a adeguare i fatti all'interpretazione e l'interpretazione ai fatti. È impossibile assegnare un primato all'uno o all'altro momento.

Lo storico comincia col fare una provvisoria scelta di fatti e con l'avanzare una provvisoria interpretazione, alla luce della quale la scelta è stata compiuta – da altri o da lui stesso. Via via che il lavoro procede, l'interpretazione, la scelta e l'ordinamento dei fatti subiscono sottili, e forse in parte inavvertiti mutamenti attraverso l'azione reciproca dell'uno o dell'altro elemento. Tale azione reciproca implica inoltre una reciprocità tra il presente e il passato, dal momento che lo storico è parte del presente e i fatti appartengono al passato. Lo storico e i fatti storici sono legati da un rapporto di mutua dipendenza. Lo storico senza i fatti è inutile e senza radici; i fatti senza lo storico sono morti e privi di significato. Perciò, la mia prima risposta alla domanda « Che cos'è la storia? », è che essa è un continuo processo di interazione tra lo storico e i fatti storici, un dialogo senza fine tra il presente e il passato.

Lezione seconda

La società e l'individuo

Il problema che si presenta immediatamente – la società o l'individuo – ricorda il problema dell'uovo e della gallina. Considerato da un punto di vista logico o storico, è impossibile risolvere il problema, in un senso o nell'altro, senza che la risposta debba essere corretta da un'affermazione opposta, e altrettanto unilaterale. Società e individuo sono inseparabili: essi sono termini reciprocamente necessari e integrantisi, non già opposti. « Nessun uomo è un'isola, completo in se stesso » suonano le famose parole di Donne: « ogni uomo è un pezzo di continente, una parte del tutto »[1]. Questo è un lato della verità. Dall'altra parte, abbiamo il detto di un tipico rappresentante della tradizione individualistica, J. S. Mill: « Allorché gli uomini si mettono insieme non si trasformano in una sostanza di tipo diverso »[2]. Ovviamente no: ma l'errore consiste nel supporre che gli uomini esistessero o avessero una qualsiasi sostanza prima di essersi « messi insieme ». Appena nati, il mondo circostante comincia a modellarci e a trasformarci da unità meramente biologiche in unità sociali. Ogni essere umano, in qualunque fase della storia o della preistoria, è nato in una società che l'ha plasmato fin dai primi anni di vita. Il linguaggio di cui si serve non è un'eredità individuale ma un elemento acquisito, di carattere sociale, che gli viene dal gruppo in cui cresce. Tanto il linguaggio che l'ambiente circostante contribuiscono a determinare il carattere della sua attività mentale; i pri-

[1] *Devotions upon Emergent Occasions*, n. XVII.
[2] J. S. MILL, *A System of Logic*, VII, I.

mi pensieri che formula gli vengono da altri individui. Com'è stato ben detto, l'individuo scisso dalla società sarebbe muto e stupido. Il durevole fascino del mito di Robinson Crusoe proviene dall'essere un tentativo di immaginare un individuo indipendente dalla società. Ma è un tentativo fallito. Robinson non è un individuo astratto, ma un inglese nato a York, che si porta dietro la Bibbia e eleva preghiere al dio della propria tribú. Ben presto il mito gli concede Venerdí: cosí si cominciano a gettare le basi di una nuova società. Un altro mito significativo è quello di Kirillov nei *Demoni* di Dostoevskij, che si uccide per dimostrare la propria assoluta libertà. Il suicidio è l'unico atto perfettamente libero concesso all'individuo isolato; ogni altro atto implica in un modo o nell'altro un'appartenenza alla società [1].

Gli antropologi affermano comunemente che l'uomo primitivo è meno individualista e piú profondamente modellato dalla società di quanto non sia l'uomo civilizzato. Tale affermazione contiene un elemento di verità. Le società piú elementari sono maggiormente uniformi, nel senso che, in confronto alle società piú complesse e progredite, esigono e dànno modo di svilupparsi a una gamma molto minore di attività e di attitudini individuali. In questo senso, l'individualismo sempre piú accentuato è un prodotto inevitabile delle società progredite moderne, e ne permea tutte le attività. Ma sarebbe un grave errore scorgere un'antitesi tra quest'accentuarsi dell'individualismo, da un lato, e l'accrescersi della forza e della coesione della società, dall'altro. Lo sviluppo della società e quello dell'individuo procedono parallelamente, condizionandosi a vicenda. In realtà, ai nostri occhi una società complessa o progredita è una società in cui la dipendenza reciproca degli individui ha assunto forme complesse e progredite. Supporre che, in confronto a una comunità tribale primitiva, una moderna comunità nazionale abbia

[1] Nel suo famoso studio sul suicidio Durkheim coniò la parola *anomie* per indicare la condizione dell'individuo isolato dalla società – una condizione, questa, particolarmente propizia agli stati di turbamento emotivo e al suicidio: ma egli mostrò nello stesso tempo che il suicidio non è affatto indipendente dalle condizioni sociali.

minori possibilità di plasmare il carattere e la mente degli individui che la compongono, imprimendo loro un certo grado di similarità e di uniformità, sarebbe del tutto errato. La vecchia teoria dei caratteri nazionali fondati su diversità di ordine biologico, è crollata da tempo: ma sarebbe difficile negare l'esistenza di caratteri nazionali derivati dalla diversità delle situazioni culturali e sociali. La « natura umana », quest'entità inafferrabile, ha subito cosí profonde modificazioni da paese a paese e da secolo a secolo che sarebbe difficile non vedere in essa un fenomeno storico plasmato dalle condizioni sociali e dalle convenzioni vigenti. Tra gli americani, i russi e gli indiani, per esempio, le differenze sono profonde. Ma alcune, e forse le piú importanti di queste differenze si manifestano sotto forma di atteggiamenti diversi nei confronti dei rapporti sociali tra gli individui, ossia nei confronti dell'assetto che dovrebbe avere la società: cosicché studiare le differenze tra le società americana, russa e indiana viste nel loro complesso è probabilmente il modo migliore per giungere a intendere le differenze tra i singoli americani, russi e indiani. L'uomo civilizzato, analogamente all'uomo primitivo, è plasmato dalla società nella stessa misura in cui essa ne è plasmata. Avere l'uovo senza la gallina è impossibile, com'è impossibile avere la gallina senza l'uovo.

Soffermarsi su queste verità estremamente ovvie sarebbe stato superfluo se esse non fossero state oscurate ai nostri occhi dall'importantissimo, eccezionale periodo storico da cui il mondo occidentale sta per l'appunto uscendo. Il culto dell'individualismo è uno dei miti storici moderni piú profondamente radicati e diffusi. Secondo la nota interpretazione della *Civiltà del Rinascimento in Italia* di Burckhardt, la cui seconda sezione è intitolata *Lo sviluppo dell'individuo*, il culto dell'individuo cominciò nel Rinascimento, allorché l'uomo, che fino ad allora « aveva consapevolezza di sé unicamente in quanto membro di una razza, di un popolo, di un partito, di una famiglia o di una corporazione » divenne finalmente « un'entità spirituale individuale e si riconobbe come tale ». Piú tardi il culto dell'individuo si legò al sorgere del capitalismo e del protestantesimo, agli inizi della rivoluzione industriale e alle dottrine del *laissez-faire*. I diritti dell'uomo e del cittadino proclamati dalla Rivoluzione francese erano i diritti dell'individuo. L'individualismo fu alla base della grande filosofia utilitaristica ottocentesca. In quel tipico documento del liberalismo vittoriano che è il saggio *On Compromise* di Morley, l'individualismo e l'utilitarismo sono definiti « la religione del benessere e della felicità umana ». La nota dominante del progresso umano era un « aspro individualismo ». Questa potrebbe essere un'analisi perfettamente valida e coerente dell'ideologia di un determinato periodo storico. Tuttavia, mi preme sottolineare che il fatto che la nascita del mondo moderno fosse accompagnata da un'accentuazione dell'individualismo deve considerarsi proprio di ogni civiltà in fase di progresso. Una rivoluzione sociale portò nuovi gruppi in posizioni di potere, agendo come sempre accade, per mezzo di individui, e offrendo ad essi nuove possibilità di affermazione. Dal momento che nelle prime fasi del capitalismo gli strumenti di produzione e di distribuzione erano in gran parte nelle mani di singoli individui, l'ideologia del nuovo ordinamento sociale sottolineò vigorosamente la funzione sociale dell'iniziativa individuale. Ma l'intero processo fu un processo sociale, costituente una fase precisa dello sviluppo storico, e non può essere spiegato come una rivolta degli individui contro la società o come un emanciparsi degli individui dalle costrizioni sociali.

Vari sintomi fanno supporre che anche nel mondo occidentale, che fu il luogo di elezione di questa vicenda e di questa ideologia, questo periodo è terminato: non è necessario soffermarsi qui sulla nascita della cosiddetta democrazia di massa, o sulla graduale sostituzione di strutture economiche e organizzative a carattere prevalentemente individuale con altre strutture a carattere prevalentemente collettivo. Ma l'ideologia che si è sviluppata nel corso di questo lungo e fertile periodo è ancora una forza di portata decisiva nell'Europa occidentale e nei paesi anglosassoni. Allorché parliamo in termini astratti della contraddizione tra libertà e eguaglianza o tra libertà dell'individuo e giustizia sociale, finiamo per dimenticare che tali lotte non si svolgono nel cielo delle idee astratte. Non si tratta di lotte tra gli individui in quanto tali e la società in quanto tale, ma tra gruppi di individui facenti parte della società, ognuno dei quali cerca di promuovere ordinamenti sociali favorevoli e di ostacolare l'affermazione di ordinamenti sociali sfavorevoli a se stesso. Oggi l'individualismo, inteso nel senso non di un grande movimento sociale, ma di una falsa contrapposizione individuo-società, è diventato il motto di un gruppo con ben precisi interessi, perdendo il suo carattere neutro e trasformandosi in un ostacolo per la comprensione della realtà che ci circonda. Non ho nulla in contrario a un culto dell'individuo che equivalga a una protesta contro la mostruosa concezione secondo cui gli individui sarebbero i mezzi e la società e lo Stato i fini. Ma se cercheremo di servirci della nozione di individuo astratto e scisso dalla società, non potremo giungere a una comprensione reale né del passato né del presente.

E con ciò, eccoci giunti al termine di questa lunga digressione. Per l'uomo comune, la storia è qualcosa che è scritto da individui e ha per oggetto degli individui. Tale concezione fu senza dubbio fatta propria e incoraggiata dagli storici liberali dell'Ottocento, ed è sostanzialmente esatta. Oggi, tuttavia, essa ci appare semplicistica e inadeguata, e sentiamo il bisogno di un'analisi piú approfondita. Le conoscenze dello storico non sono suo possesso esclusivo: è probabile che uomini di piú generazioni e di vari paesi abbiano contribuito a formarle. Lo storico studia le azioni di uomini che non erano individui isolati, agenti nel vuoto: essi agivano nel contesto e sotto l'influsso di una società. Nella scorsa lezione ho definito la storia un processo di interazione, un dialogo tra lo storico che vive nel presente e i fatti che si sono svolti nel passato. Intendo ora occuparmi del peso relativo degli elementi individuali e sociali nei due membri dell'equazione. In che misura gli storici sono individui isolati, e in che misura invece prodotti della società e del tempo in cui vivono? In che misura i fatti storici si riferiscono a individui isolati e in che misura invece sono fatti di ordine sociale?

Lo storico è, dunque, un individuo. Come tutti gli individui, egli è anche un fenomeno sociale, il prodotto, e, nello stesso tempo, l'interprete piú o meno consapevole della società a cui appartiene: è in questa veste che egli si accosta ai fatti del passato. Talvolta parliamo del corso della storia come di un « corteo in cammino ». Non è una brutta immagine, a patto che non induca lo storico a vedersi sotto forma di un'aquila che guardi la scena da una roccia solitaria o come un personaggio importante sul podio. La realtà è ben diversa! Lo storico è semplicemente una figura oscura tra le tante che arranca in un altro settore del corteo. E mentre questo si svolge, piegando ora a sinistra e ora a destra, e talvolta ripiegando su se stesso, le posizioni relative dei vari settori mutano continuamente, cosicché si potrebbe benissimo dire, per esempio, che oggi siamo piú vicini al Medioevo di quanto fossero i nostri bisnonni un secolo fa, o che l'età di Cesare ci è piú vicina dell'età di Dante. Via via che il corteo avanza appaiono di continuo nuovi panorami, nuovi angoli visuali. Lo storico è parte della storia. L'angolo visuale da cui egli guarda il passato è determinato dalla posizione che egli occupa nel corteo.

Questo truismo vale anche quando il periodo studiato dallo storico è lontanissimo dal tempo in cui egli vive. Quando studiavo la storia antica, le opere classiche in materia erano – e sono probabilmente ancora – la *Storia della Grecia* di Grote e la *Storia di Roma* di Mommsen. Grote, un banchiere illuminato di tendenze radicali che scriveva intorno al 1840, espresse le aspirazioni della borghesia inglese nascente, politicamente progressiva, in un quadro idealizzato della democrazia ateniese, in cui Pericle aveva i tratti di un riformatore benthamiano, e Atene conquistava distrattamente un impero. Non è improbabile che il mancato esame del problema della schiavitú ateniese da parte di Grote riflettesse l'incapacità del gruppo sociale cui egli apparteneva di far fronte al problema del formarsi di un proletariato in Inghilterra. Mommsen era un liberale tedesco, disilluso dalle confusioni e dalle umiliazioni della Rivoluzione tedesca del 1848-49. Scrivendo nel

1850-60 – e cioè nel decennio che vide nascere il termine e la nozione stessa di *Realpolitik* – Mommsen avvertiva la necessità di un uomo forte che facesse piazza pulita delle macerie lasciate dal fallito tentativo del popolo tedesco di tradurre in realtà le proprie aspirazioni politiche: e non potremo valutare esattamente la sua opera storica se non ci renderemo conto anzitutto che la sua celebre idealizzazione di Cesare è frutto di questo desiderio di un uomo forte capace di salvare la Germania dal disastro, e che la figura di Cicerone, questo avvocato politicante, questo vacuo chiacchierone, questo volubile attendista, esce pari pari dalle discussioni tenutesi nella Paulikirche a Francoforte nel 1848. In realtà, si potrebbe affermare, senza tema di paradosso, che oggi la *Storia della Grecia* di Grote ci dice almeno altrettanto sul radicalismo filosofico inglese del 1840-50 che sulla democrazia ateniese del quinto secolo avanti Cristo; analogamente, si potrebbe dire che per chi voglia studiare le ripercussioni del 1848 sui liberali tedeschi la *Storia di Roma* di Mommsen costituisce un libro fondamentale. Tutto ciò non inficia la qualità di queste grandi opere storiografiche. La moda lanciata da Bury nella sua prolusione, secondo cui la grandezza di Mommsen sarebbe fondata non già sulla *Storia di Roma* ma sul *corpus* delle iscrizioni latine e sull'opera sulla costituzione romana, mi riesce insopportabile: ciò significa ridurre la storia al livello della compilazione. La grande storiografia nasce appunto quando la visione del passato da parte dello storico è illuminata dalla comprensione dei problemi del presente. Spesso ci si è stupiti del fatto che Mommsen non abbia continuato la sua storia oltre la caduta della repubblica. Per far ciò, non gli mancarono né il tempo, né l'occasione, né la preparazione necessarie. Tuttavia, allorché Mommsen scrisse la sua storia, in Germania l'uomo forte non era ancora sorto. Durante la sua attività di studioso, il problema che si presenta dopo l'ascesa al potere dell'uomo forte, non era ancora attuale. Non vi era nulla che spingesse Mommsen a proiettare questo problema nel passato, sullo sfondo dell'antica Roma: e cosí, la storia dell'età imperiale non fu mai scritta.

Sarebbe facile moltiplicare esempi di questo tipo tra gli

storici moderni. Nella scorsa conferenza ho reso il mio tributo a *England under Queen Anne* di Trevelyan, definendolo un monumento a quella tradizione whig in cui egli crebbe. Passiamo ora a considerare l'imponente, grandiosa opera di colui che la maggior parte di noi considera il maggiore degli storici inglesi saliti alla ribalta universitaria dopo la fine della prima guerra mondiale: sir Lewis Namier. Namier fu un vero conservatore: non un conservatore all'inglese, che, una volta scomposto, risulta essere per il 75 per cento un liberale, ma un conservatore come tra gli storici inglesi da piú di un secolo non se ne vedevano. Tra la metà del secolo scorso e il 1914, era quasi impossibile per uno storico inglese considerare il moto della storia se non sotto forma di moto verso il meglio. Nel decennio 1920-30 entrammo in un periodo in cui quel moto cominciò ad associarsi alla paura del futuro, e poté essere considerato come un moto verso il peggio: e in questo periodo l'ideologia del conservatorismo rinacque. Come il liberalismo di Acton, il conservatorismo di Namier traeva la sua forza e la sua profondità dall'avere le proprie radici nell'Europa continentale [1]. A differenza di Fisher o di Toynbee, Namier non aveva legami col liberalismo ottocentesco, ed era privo di nostalgia o rimpianto nei suoi confronti. Dopo che la prima guerra mondiale e il fallimento della pace ebbero svelato la bancarotta del liberalismo, la risposta avrebbe potuto assumere soltanto due forme: il socialismo o il conservatorismo. Namier fu lo storico conservatore. I suoi campi prediletti di ricerca furono due, e in entrambi i casi la scelta era significativa. Per quanto riguarda la storia inglese, egli risalí all'ultimo periodo in cui la classe dirigente era stata in grado di lottare consapevolmente per il potere in una società ordinata e essenzialmente statica. C'è stato chi ha accusato Namier di aver estromesso le idee dalla storia [2]. Non è, forse, una

[1] Val forse la pena di notare che anche l'altra figura importante di tendenze conservatrici della cultura inglese del periodo tra le due guerre, T. S. Eliot, fu avvantaggiato dal non esser nato in Inghilterra; nessuno che fosse stato educato in Inghilterra prima del 1914 era in grado di sottrarsi completamente all'influsso inibitore della tradizione liberale.

[2] La critica, contenuta in un articolo anonimo apparso su «The Times

frase troppo felice, ma non è difficile capire a che cosa essa miri. Al momento dell'ascesa al trono di Giorgio III la politica era ancora immune dal fanatismo per le idee, e dalla fede appassionata nel progresso, che doveva irrompere nel mondo con la Rivoluzione francese e aprire la strada al secolo del liberalismo trionfante. Niente idee, niente rivoluzioni, niente liberalismo: Namier si propose di darci il brillante quadro di un tempo ancora esente – anche se non per molto – da tutti questi pericoli.

Ma il secondo tema di ricerca prescelto da Namier era altrettanto significativo. Namier evitò le grandi rivoluzioni moderne, quella inglese, quella francese, quella russa (su questi temi egli non scrisse nulla di impegnativo) e volle darci uno studio penetrante sulla rivoluzione europea del 1848 – una rivoluzione fallita, che vide in tutta Europa la sconfitta delle speranze nascenti del liberalismo, e dimostrò l'inconsistenza delle idee di fronte alla forza delle armi, e dei democratici di fronte ai soldati. L'intrusione delle idee in quella cosa seria che è la politica, è futile o pericolosa: e Namier sottolineò pesantemente questa conclusione definendo quest'umiliante sconfitta « la rivoluzione degli intellettuali ». Non si tratta di una nostra ipotesi: pur non scrivendo mai in modo sistematico di filosofia della storia, Namier si espresse in proposito, in un saggio apparso pochi anni or sono, con la consueta chiarezza e incisività. « In conclusione – egli scrisse – meno l'uomo intralcia il libero gioco della propria intelligenza con dogmi e dottrine politiche, piú il suo pensiero è chiaro e efficace ». E dopo aver ricordato, senza rifiutarla, l'accusa di aver estromesso le idee dalla storia, aggiunse:

« Alcuni ideologi criticano l'attuale "stasi" e l'assenza nel nostro paese di prese di posizione su temi di politica generale; si cercano soluzioni pratiche a problemi concreti, ed entrambi i partiti dimenticano programmi e ideali: a me, tuttavia, questo atteggiamento sembra un segno di una piú elevata maturità del paese, e mi auguro soltanto

Literary Supplement» del 28 agosto 1953, intitolato *The Namier View of History*, suonava cosí: «Darwin fu accusato di estromettere le idee dall'universo; e sir Lewis è stato, in piú di un senso, il Darwin della storia politica».

che esso possa durare a lungo, senza essere disturbato dalle fatiche degli ideologi »[1].

Non mi interessa in questo momento discutere questa posizione: mi riserbo di farlo in una delle lezioni successive. Ciò che mi propongo in questa sede è soltanto di illustrare due importanti verità: in primo luogo, che è impossibile comprendere e valutare pienamente l'opera di uno storico senza aver prima colto il suo punto di vista; in secondo luogo, che anche questo punto di vista si situa in un contesto storico e sociale. Non bisogna dimenticare che, come ebbe a dire Marx, anche l'educatore va educato; in gergo moderno, anche colui che opera il lavaggio del cervello è stato sottoposto alla stessa operazione. Prima di cominciare a scrivere di storia, anche lo storico è un prodotto della storia.

Gli storici di cui ho parlato or ora – Grote e Mommsen, Trevelyan e Namier – erano tutti calati, per dir cosí, in un unico stampo sociale e politico; non è dato cogliere una profonda diversità di atteggiamenti tra le loro prime e ultime opere. Ma alcuni storici, vissuti in periodi di rapida trasformazione, hanno riflesso nei loro scritti non un'unica società o un unico ordinamento sociale, bensí un succedersi di ordinamenti diversi. A questo proposito, l'esempio piú evidente che io conosca è quello del grande storico tedesco Meinecke, la cui vita e attività scientifica, prolungatesi in misura eccezionale, videro un susseguirsi di catastrofi e di trasformazioni rivoluzionarie nella vita della Germania. Si può parlare, in effetti, di tre diversi Meinecke, ognuno dei quali rappresenta un diverso periodo storico, esprimendosi volta a volta in una delle tre opere storiche piú importanti tra quelle da lui composte. Il Meinecke di *Weltbürgerthum und Nationalstaat*, apparso nel 1907, vede fiduciosamente gli ideali nazionali tedeschi realizzarsi nel Reich bismarckiano e – sulla scia di molti pensatori ottocenteschi da Mazzini in poi – identifica l'idea di nazione[2] con la forma piú elevata di universalismo: tutto ciò è un prodotto dell'età guglielmina, questa barocca pro-

[1] L. NAMIER, *Personalities and Powers*, 1955, pp. 5, 7.
[2] [Naturalmente il termine inglese usato a questo punto è « nationalism »].

secuzione dell'età di Bismarck. Il Meinecke di *Die Idee der Staatsräson*, apparso nel 1925, parla con l'animo lacerato e angosciato della repubblica di Weimar: il mondo della politica è diventato un'arena in cui si svolge il conflitto irrisolto tra *raison d'état* e moralità – una moralità che è estranea alla politica, ma che in definitiva non può distruggere la vita e la sicurezza dello Stato. Infine, il Meinecke di *Die Entstehung des Historismus*, apparso nel 1936, allorché il diluvio nazista lo aveva strappato alle cariche accademiche, lancia un grido di disperazione, rifiutando uno storicismo che gli appare una giustificazione di tutto ciò che è reale, e oscillando penosamente tra il relativo della storia e un assoluto sovrarazionale. Nell'ultima fase, allorché, ormai vecchio, vide il proprio paese soccombere sotto il peso di una sconfitta militare ancora piú spaventosa di quella del 1918, Meinecke ricadde sconsolatamente, in *La catastrofe tedesca* del 1946, in una visione della storia dominata da un caso cieco e inesorabile [1]. L'interesse dello psicologo o del biografo si concentrerà a questo punto sullo sviluppo di Meinecke in quanto individuo: ciò che importa allo storico è il modo in cui Meinecke rifletta tre, o addirittura quattro, fasi successive, fortemente diverse, del nostro tempo, nella storia passata.

Oppure possiamo prendere un esempio ben noto, che ci è piú familiare. Nell'iconoclastico decennio 1930-40, allorché il partito liberale era stato appena espulso dal novero delle forze realmente importanti della vita politica inglese, il professor Butterfield scrisse un libro dal titolo *The Whig Interpretation of History*, che godette di un largo e meritato successo. Si trattava di un libro notevole da piú punti di vista – non ultimo dei quali, il fatto che pur attaccando per circa centotrenta pagine l'interpretazione whig, esso non nominava, per quanto sono riuscito a vedere in mancanza di un indice, nessun whig tranne Fox, che non era uno storico, e nessuno storico tranne Ac-

[1] Su questo punto sono debitore all'ottima analisi delle varie posizioni assunte via via da Meinecke fatta da W. Stark nell'introduzione alla traduzione inglese di *Die Idee der Staatsräson*, apparse nel 1957 col titolo *Machiavellism*; forse il dottor Stark accentua eccessivamente l'importanza dell'elemento sovrarazionale nel terzo periodo di Meinecke.

ton, che non era whig [1]. Ma le manchevolezze del libro dal punto di vista della precisione dei particolari, erano compensate da scoppiettanti invettive. Al lettore non si lasciavano dubbi sul fatto che l'interpretazione whig andava rifiutata: e una delle accuse lanciate contro di essa era il fatto che essa « studia il passato in connessione con il presente ». Su questo punto il professor Butterfield era categorico e severo:

« Studiare il passato tenendo l'occhio, per dir cosí, al presente, è l'origine di tutti i vizi e i sofismi storiografici... È l'essenza di ciò che intendiamo con la parola "antistorico" » [2].

Passarono dodici anni. La voga dell'iconoclastia decadde. Il paese natale del professor Butterfield partecipò a una guerra combattuta, come spesso si disse, in difesa delle libertà costituzionali rappresentate dalla tradizione whig, sotto la guida di un grande uomo politico che di continuo invocava il passato « con un occhio, per dir cosí, al presente ». In un libretto intitolato *The Englishman and his History*, apparso nel 1944, il professor Butterfield non solo decise che l'interpretazione whig della storia era l'interpretazione genuinamente « inglese », ma parlò con entusiasmo del « legame tra l'inglese e la storia » e dell'« unione tra presente e passato » [3]. Il sottolineare questo mutar di atteggiamento non è frutto di una critica malevola. Non intendo confutare il Butterfield prima maniera con il Butterfield seconda maniera, né confrontare il professor Butterfield ebbro con il professor Butterfield sobrio. So bene che, se qualcuno si prendesse la briga di esaminare qualcuno dei miei scritti apparsi prima, durante e dopo la guerra, non avrebbe la minima difficoltà a cogliermi in contraddizioni e incoerenze lampanti, almeno quanto quelle da me scovate negli scritti altrui. In verità, non sono sicuro che uno storico che possa sinceramente vantarsi di aver vissuto in mezzo agli eventi che hanno scosso il

[1] H. BUTTERFIELD, *The Whig Interpretation of History*, 1931; a p. 67 l'autore ammette di nutrire « una sana diffidenza » per « i ragionamenti privi di riferimenti concreti ».

[2] *Ibid.*, pp. 11, 31-32.

[3] ID., *The Englishman and his History*, 1944, pp. 2, 4-5.

mondò negli ultimi cinquant'anni senza modificare in modo radicale le proprie posizioni, sia da invidiare. Il mio scopo è semplicemente quello di mostrare a qual punto l'opera dello storico rifletta la società in cui egli opera. Non si tratta semplicemente del fatto che gli eventi sono in continuo divenire. Anche lo storico è coinvolto in questo divenire. Quando prendiamo in mano un libro di storia, non basta guardare il nome dell'autore sul frontespizio: bisogna guardare anche la data di pubblicazione, o la data in cui il libro è stato scritto – data che, talvolta, è ancora piú rivelatrice. Se il filosofo che ci disse che non possiamo entrare due volte nello stesso fiume diceva il vero, è forse altrettanto vero, e per la stessa ragione, che lo stesso storico non può scrivere due libri uguali.

Se ci scostiamo per un momento dai singoli storici per esaminare quelle che potremmo chiamare tendenze di fondo della storiografia, balzerà agli occhi con chiarezza ancor maggiore fino a che punto lo storico sia il prodotto della società in cui vive. Nell'Ottocento gli storici inglesi consideravano, quasi senza eccezione, il corso della storia come la dimostrazione dell'idea di progresso: essi esprimevano cosí l'ideologia di una società in una fase di progresso notevolmente rapido. La storia era piena di significato per gli storici inglesi, finché essa sembrava procedere in nostro favore: ora che ha preso una strada sfavorevole, credere che la storia abbia un significato è diventata un'eresia. Dopo la prima guerra mondiale, Toynbee fece un tentativo disperato di sostituire la visione lineare della storia con una teoria ciclica – la tipica ideologia di una società in declino[1]. Dopo il fallimento di Toynbee, la maggior parte degli storici inglesi ha preferito abbandonare la partita dichiarando che la storia è priva di qualsiasi significato o organicità. Una banale osservazione di Fisher in questo senso[2] ha raggiunto una popolarità quasi pari a quella dell'aforisma di Ranke nel secolo scorso. Se poi

[1] Al tramonto dell'impero romano Marco Aurelio si consolava col riflettere «sul fatto che ogni cosa che sta accadendo è già accaduta in passato, e accadrà in futuro» (*Ricordi*, X, 27); come è noto, Toynbee riprese questa concezione dalla *Decadenza dell'Occidente* di Spengler.

[2] Prefazione a *A History of Europe*, datata 4 dicembre 1934.

qualcuno mi dicesse che gli storici inglesi degli ultimi trent'anni hanno finito per mutare il loro atteggiamento dopo profonde riflessioni individuali e veglie notturne nelle loro soffitte, non mi sembrerebbe necessario discutere quest'affermazione. Continuerei pur sempre a vedere in tutte queste meditazioni individuali e veglie notturne un fenomeno sociale, il prodotto e l'espressione ad un tempo di una fondamentale trasformazione nel carattere e negli atteggiamenti della società inglese dopo il 1914. Non c'è indizio che riveli meglio il carattere di una società del tipo di storia che vi si scrive o non vi si scrive. Lo storico olandese Geyl, nell'affascinante studio tradotto in inglese col titolo *Napoleon For and Against*, mostra come il giudizio dato via via dagli storici francesi dell'Ottocento su Napoleone abbia riflettuto le caratteristiche mutevoli e contraddittorie della vita politica e della cultura francesi nel corso del secolo. Il pensiero degli storici, come quello degli altri esseri umani, è plasmato dall'ambiente e dal tempo. Acton, che fu perfettamente consapevole di questa verità, cercò scampo nella storia stessa:

« La storia – egli scrisse – deve liberarci non solo dall'indebito influsso delle età passate, ma dall'indebito influsso della nostra stessa età, dalla tirannia esercitata su di noi dall'ambiente, e dalla pressione dell'aria che respiriamo »[1].

Questa valutazione della funzione della storia potrà apparire eccessivamente ottimistica. Tuttavia, sono incline a credere che lo storico che è maggiormente consapevole della propria situazione, è anche in grado di trascenderla, e di valutare la natura profonda delle differenze esistenti tra il suo atteggiamento e la società in cui vive, da un lato, e gli atteggiamenti e gli ordinamenti sociali di altri tempi e altri paesi, dall'altro, piú di quanto non sappia fare lo storico che proclama a gran voce di essere un individuo e non un fatto sociale. La capacità dell'uomo di ergersi al di sopra della sua situazione storico-sociale appare condizionata dal grado di consapevolezza da lui raggiunto della portata del suo condizionamento.

[1] J. ACTON, *Lectures on Modern History*, 1906, p. 33.

Nella mia prima conferenza ho detto: prima di studiare la storia, studiate lo storico. Ora vorrei aggiungere: prima di studiare lo storico, studiate l'ambiente storico e sociale in cui egli vive, o ha vissuto. Lo storico, in quanto individuo, è anche un prodotto della storia e della società: e lo studioso di storia deve imparare a considerarlo da questo duplice punto di vista.

Lasciamo ora da parte lo storico e consideriamo l'altro membro dell'equazione – i fatti storici – alla luce dello stesso problema. L'oggetto della ricerca dello storico è costituito dagli individui o dall'azione di forze sociali? Ci incamminiamo qui su un terreno molto battuto. Allorché sir Isaiah Berlin pubblicò, pochi anni or sono, un saggio brillante e largamente diffuso intitolato *Historical Inevitability* – ritornerò nelle prossime lezioni sulla tesi che è al centro di questo libro – scelse come epigrafe una frase di T. S. Eliot: « Grandi forze impersonali ». In tutto il saggio egli ironizza su coloro che credono che il fattore decisivo della storia siano le « grandi forze impersonali » e non gli individui. La teoria storiografica che chiamerò del « cattivo re Giovanni », cioè la concezione secondo cui ciò che importa nella storia è il carattere e il comportamento degli individui, ha lontani antenati. Il desiderio di attribuire la forza creatrice della storia al genio individuale è tipico delle fasi iniziali della consapevolezza storica. Gli antichi greci solevano fregiare le conquiste del passato con i nomi di eroi eponimi che ne erano i presunti autori: cosicché l'epica veniva attribuita a un bardo di nome Omero, e le leggi e le istituzioni a Licurgo o a Solone. La stessa tendenza ricompare nel Rinascimento, allorché nella rinata voga per l'antichità classica un moralista e un biografo come Plutarco era molto piú noto e piú influente degli storici antichi. Da noi, in particolare, tutti abbiamo appreso questa teoria, per dir cosí, sulle ginocchia della mamma. Oggi probabilmente dovremmo ammettere che si tratta di una teoria un po' puerile, o almeno adatta a dei bambini. Essa non mancava di una certa dose di verosimiglianza allorché la società aveva una struttura piú semplice, e la politica sembrava regolata da un pugno di uomini noti a tutti. È chiaro che nella società odierna, ben piú complessa, essa è diventata inapplicabile: e la nascita, durante l'Ottocento, di una nuova scienza, la sociologia, fu un modo di fronteggiare questa crescente complessità. Eppure, la vecchia tradizione è dura a morire. All'inizio del nostro secolo il motto « la storia è la biografia dei grandi uomini » aveva ancora una buona reputazione. Appena dieci anni fa un noto storico americano accusò, forse un po' scherzosamente, i colleghi di « sterminare i personaggi storici » col considerarli « burattini mossi da forze economiche e sociali »[1]. Oggi, i seguaci di questa teoria tendono a esprimersi in proposito con una certa timidezza; ma, dopo una breve ricerca, mi sono imbattuto in un'ottima formulazione recente di essa nell'introduzione a uno dei libri di miss Wedgwood.

« Il comportamento degli uomini in quanto individui – ella scrive – mi interessa di piú del loro comportamento in quanto gruppi o classi sociali. Si può scrivere la storia da quest'angolo visuale come da un altro, con la stessa probabilità, né piú né meno, di introdurre delle deformazioni... Questo libro... è un tentativo di comprendere come questi uomini sentivano e perché, secondo loro, agivano come agivano »[2].

Sono affermazioni che non dànno adito a equivoci, e, dal momento che i libri di miss Wedgwood sono largamente diffusi, son certo che molti la pensano come lei. Il dottor Rowse, per esempio, ci dice che il regime elisabettiano crollò per la scarsa intelligenza di Giacomo I, e che la Rivoluzione inglese del Seicento fu un evento « accidentale » dovuto alla stupidità dei due primi Stuart[3]. Perfino sir James Neale, che è uno storico piú serio del dottor

[1] « American Historical Review », LVI, n. 1 (gennaio 1951), p. 270.

[2] C. V. WEDGWOOD, *The King's Peace*, 1955, p. 17.

[3] A. L. ROWSE, *The England of Elizabeth*, 1950, pp. 261-62, 382. È doveroso sottolineare che in un saggio apparso precedentemente il Rowse condannava « gli storici che pensano che i Borboni non riuscirono a ristabilire la monarchia in Francia dopo il 1870 soltanto per l'attaccamento di Enrico V ad una bandierina bianca » (*The End of an Epoch*, 1949, p. 275): forse egli riserva simili spiegazioni di carattere individualistico alla storia inglese.

Rowse, sembra talvolta piú incline a esprimere la sua ammirazione per la regina Elisabetta che a spiegare il significato della monarchia Tudor. Quanto a sir Isaiah Berlin, egli, nel saggio piú sopra citato, appare tremendamente preoccupato per la possibilità che gli storici rinuncino a bollare Genghiz Khān e Hitler come individui malvagi [1]. Quando giungiamo a periodi piú recenti, la teoria del « cattivo re Giovanni » e della « buona regina Bettina » celebra i propri fasti maggiori. È piú facile definire il comunismo « creatura del cervello di Karl Marx » (ho colto questo fiore in una recente circolare di agenti di borsa) che analizzarne le origini e le caratteristiche, come è piú facile attribuire la Rivoluzione bolscevica alla stupidità di Nicola II o all'oro tedesco che studiarne le cause sociali di fondo, o vedere nelle due guerre mondiali di questo secolo il frutto della malvagità individuale di Guglielmo II e di Hitler anziché l'effetto di una profonda incrinatura nel sistema dei rapporti internazionali.

Inoltre, l'affermazione di miss Wedgwood consiste di due proposizioni diverse. La prima, è che il comportamento degli uomini in quanto individui è diverso dal loro comportamento in quanto membri di gruppi o di classi, e che lo storico ha il diritto di soffermarsi sull'uno anziché sull'altro. La seconda, è che lo studio del comportamento degli uomini in quanto individui consiste nello studio delle motivazioni consapevoli delle loro azioni.

Dopo quanto ho detto finora, non ho bisogno di perder troppo tempo sul primo punto. Non è che il considerare l'uomo sotto specie di individuo sia piú o meno deformante del considerarlo sotto specie di membro di un gruppo: ciò che è fonte di errore è il tentativo di stabilire una linea di separazione tra i due punti di vista. L'individuo è per definizione il membro di una società, o meglio di piú società – chiamatele gruppo, classe, tribú, nazione o quello che volete. I primi biologi si limitavano a classificare le varie specie di uccelli, mammiferi e pesci distribuendoli in gabbie, acquari e voliere, senza preoccuparsi di studiarli in rapporto all'ambiente in cui vivevano. Forse le odierne

[1] I. BERLIN, *Historical Inevitability*, 1954, p. 42.

scienze sociali non hanno ancora oltrepassato questa fase primitiva. C'è chi distingue la psicologia, scienza dell'individuo, dalla sociologia, scienza della società, e si è definito «psicologismo» la concezione secondo cui tutti i problemi sociali sarebbero riconducibili, in definitiva, all'analisi del comportamento individuale. Ma lo psicologo che evitasse di studiare il contesto sociale in cui l'individuo vive, non potrebbe andare molto lontano [1]. È allettante distinguere tra la biografia, che considera l'uomo in quanto individuo, e la storia, che considera l'uomo come parte di un tutto, per concludere che una buona biografia è una cattiva opera di storia. Acton una volta scrisse: «Nulla provoca tanti errori e deformazioni nella concezione della storia, come l'interesse suscitato dagli individui» [2]. Ma anche questa distinzione è inconsistente, e non intendo d'altronde farmi scudo col proverbio vittoriano che G. M. Young pose come epigrafe al suo *Victorian England*: «I servitori parlano della gente, i signori discutono di fatti» [3]. Alcune biografie sono seri contributi storiografici: nel mio campo di ricerche, le biografie di Stalin e Trockij di Isaac Deutscher sono esempi ben noti di ciò. Altre biografie rientrano invece nella letteratura, come il romanzo storico. «Per Lytton Strachey – scrive il professor Trevor-Roper – i problemi storici erano, sempre e soltanto, problemi di atteggiamenti e di eccentricità individuali...

[1] Questo punto di vista degli psicologi moderni è stato, tuttavia, riconosciuto erroneo: «Gli psicologi in generale non hanno considerato l'individuo come unità *nell'ambito* di un sistema sociale funzionante, ma piuttosto come essere umano concreto, visto solo in un secondo tempo come membro di un sistema sociale. In tal modo, essi non si sono resi abbastanza conto del senso specifico in cui le loro categorie sono frutto di astrazione» (Talcott Parsons nell'introduzione a M. WEBER, *The Theory of Social and Economic Organization*, trad. ingl., 1947, p. 27); cfr. anche piú avanti (p. 147) le osservazioni su Freud.

[2] «Home and Foreign Review», gennaio 1863, p. 219.

[3] Quest'idea fu formulata, nel suo stile paludato, da H. SPENCER, in *The Study of Sociology*, cap. 2: «Se volete avere una valutazione sommaria del livello intellettuale di un individuo, vi basterà osservare il rapporto esistente nei suoi discorsi tra le osservazioni di carattere generale e quelle di natura personale – in che misura cioè le mere verità relative a persone singole sono sostituite da verità distillate da una varia esperienza di cose e di uomini. Dopo aver fatto un certo numero di simili misurazioni, scoprirete che soltanto pochissimi individui sono in grado di giungere a una visione delle cose umane che non sia meramente biografica».

Egli non tentò mai di rispondere, e neppure di porsi i problemi storici, i problemi politici e sociali »[1]. Nessuno è costretto a scrivere o a leggere libri di storia; e si possono scrivere ottimi libri sul passato che non sono libri di storia. Penso, tuttavia, che abbiamo il diritto di stabilire – come intendo fare nel corso di queste lezioni – di riservare il termine « storia » alle ricerche relative al passato dell'uomo vivente in società.

Il secondo punto, e cioè che la storia deve limitarsi a indagare perché gli individui « secondo loro, agirono come agirono », sembra a prima vista assai strano; e mi viene il dubbio che miss Wedgwood, come molte altre persone di buon senso, razzoli bene pur predicando male. Se non lo fa, deve scrivere libri di storia alquanto stravaganti. Oggi, tutti sanno che gli esseri umani non agiscono sempre, e forse neppure nella maggior parte dei casi, per motivi di cui siano pienamente consapevoli o che siano pronti a confessare; cosicché prescindere dall'analisi delle motivazioni inconsce o inconfessate è senza dubbio un modo di mettersi al lavoro chiudendo deliberatamente un occhio. Secondo certa gente, però, gli storici dovrebbero fare proprio questo. Ecco di che cosa si tratta. Finché vi limitate a dire che la malvagità di re Giovanni consisteva nella sua avidità o nella sua stupidaggine o nella sua ambizione di far la parte del tiranno, vi riferite a difetti individuali, in termini comprensibili anche ai bambini. Ma, se cominciate a dire che re Giovanni era lo strumento inconsapevole di interessi costituiti che si opponevano all'ascesa al potere dei baroni feudali, non solo introducete una definizione piú complicata e raffinata della malvagità di re Giovanni, ma sembrate supporre che gli avvenimenti storici siano determinati anziché dalle azioni consapevoli degli individui, da forze estranee e onnipotenti che ne guidano a loro insaputa la volontà. Naturalmente quest'ultima affermazione è una sciocchezza. Per quanto mi riguarda, non credo affatto nella Divina Provvidenza, nello Spirito del Mondo, nel Destino o nella Storia con l'S maiuscola, o nelle altre entità astratte a cui si è talvolta attribuita la

[1] H. R. TREVOR-ROPER, *Historical Essays*, 1957, p. 281.

guida del corso della storia; potrei sottoscrivere senza restrizioni l'affermazione di Marx:

« La *storia* non fa nulla, non possiede immense ricchezze, non combatte battaglie. È l'*uomo*, invece, l'*uomo* vivente, reale, che fa ogni cosa, che possiede e che combatte »[1].

Le due osservazioni che vorrei fare in proposito non hanno nulla a che fare con astratte concezioni della storia, ma si fondano su osservazioni assolutamente empiriche.

La prima, è che la storia è in gran parte una questione di numero. Il responsabile dell'infelice affermazione « la storia è la biografia dei grandi uomini » è Carlyle. Ma sentiamo cosa dice nella sua maggiore e piú eloquente opera storica:

« La fame, la miseria, l'oppressione sancita dalla legge che gravavano su venticinque milioni di cuori: furono queste cose, e non l'aver ferito la vanità o polemizzato con la filosofia degli avvocati filosofeggianti, dei ricchi mercanti o della nobiltà rurale, a scatenare la Rivoluzione francese; e in ogni rivoluzione, e in qualsiasi paese, sarà sempre cosí »[2].

Oppure si può ricordare la frase di Lenin: « La politica comincia quando esistono le masse, composte non da migliaia ma da milioni di persone: allora comincia la politica seria »[3]. I milioni di cui parlavano Carlyle e Lenin erano milioni di individui, senza nulla di impersonale. A coloro che discutono questi problemi capita talvolta di confondere l'anonimità con l'impersonalità. Le « grandi forze impersonali » di Eliot erano gli individui che un conservatore piú audace e sincero, Clarendon, chiamò « massa sudicia e anonima »[4]. Questi milioni di gente anonima erano individui che, con maggiore o minore consapevolezza, agivano insieme e costituivano una forza sociale. In una situazione normale lo storico non ha bisogno di occuparsi di

[1] *Marx-Engels: Gesamtausgabe*, I, III, 625.
[2] *History of the French Revolution*, III, III, cap. I.
[3] LENIN, *Opere scelte*, trad. ingl., VII, 295.
[4] E. H. CLARENDON, *A Brief View & Survey of the Dangerous & Pernicious Errors to Church & State in Mr Hobbes' Book entitled Leviathan*, 1676, p. 320.

un contadino o di un villaggio in preda al malcontento; ma milioni di contadini malcontenti sparsi in migliaia di villaggi costituiscono un fattore che nessuno storico può ignorare. I motivi che inducono Tizio a non sposarsi non interessano lo storico, a meno che gli stessi motivi non agiscano anche su migliaia di altri individui della stessa generazione di Tizio, provocando un calo considerevole nel tasso dei matrimoni: in questo caso, essi saranno senza dubbio storicamente importanti. Né val la pena di soffermarsi sulla banalità secondo cui tutti i movimenti hanno origine dalle minoranze. Tutti i movimenti storicamente efficaci sono composti da pochi capi e da moltitudini di seguaci; ma ciò non significa che le moltitudini non siano indispensabili per raggiungere il successo. Nella storia, il numero conta.

La seconda osservazione che devo fare poggia su basi ancora piú solide. Uomini appartenenti a varie tradizioni culturali si sono trovati d'accordo nell'osservare che le azioni dei singoli spesso hanno effetti che non erano attesi o auspicati da coloro che agivano o addirittura da nessun altro individuo. Il cristiano crede che l'individuo, agendo consapevolmente per i propri fini, non di rado egoistici, sia lo strumento inconsapevole della volontà divina. I « vizi privati – benefici pubblici » di Mandeville erano una prima, e deliberatamente paradossale espressione di questa scoperta. La « mano occulta » di Adam Smith e l'« astuzia della ragione » di Hegel, che fa sí che gli individui, pur credendo di soddisfare i propri desideri, agiscano in realtà servendo i suoi fini, sono troppo note per essere ricordate. « Nella produzione sociale dei mezzi di produzione – scrisse Marx nella prefazione alla *Critica dell'economia politica* – gli esseri umani entrano in rapporti determinati e necessari indipendenti dalla loro volontà ». « L'uomo crede di vivere per se stesso » scrisse Tolstoj in *Guerra e pace*, riecheggiando Adam Smith « ma è uno strumento inconsapevole dell'attuazione dei fini storici, universali dell'umanità »[1]. E, per concludere quest'antologia, già abbastanza lunga, sentiamo il professor Butter-

[1] L. TOLSTOJ, *Guerra e pace*, IX, cap. I.

field: « C'è qualcosa nella natura degli eventi storici che imprime al corso della storia una direzione del tutto inaspettata »[1]. Dal 1914, dopo un secolo di guerre di portata locale, si sono verificate due guerre mondiali. Non avrebbe senso spiegare questo fenomeno col dire che nella prima metà del XX secolo vi erano, in confronto agli ultimi settantacinque anni del secolo XIX, piú individui che volevano la guerra e meno individui che volevano la pace. È difficile credere che vi fosse qualcuno che volesse o auspicasse la grande crisi economica verificatasi attorno al 1930. Eppure, essa fu senza dubbio provocata dalle azioni di individui, ognuno dei quali perseguiva consapevolmente scopi del tutto diversi. Del resto, non sempre bisogna aspettare lo storico per diagnosticare la discordanza tra le intenzioni individuali e gli effetti di queste azioni. « Egli non vuole entrare in guerra – scriveva Lodge a proposito di Woodrow Wilson nel marzo 1917 – ma penso che finirà per essere trascinato dagli eventi »[2]. Proporre che la storia debba essere scritta in base a « spiegazioni fondate sulle intenzioni individuali »[3] o alle motivazioni che gli individui attribuiscono alle proprie azioni, ai « perché, secondo loro, essi agirono come agirono », è palesemente assurdo. Certo, i fatti storici riguardano sempre degli individui, ma non già azioni individuali svolgentisi nel vuoto, e non hanno nulla a che fare con le motivazioni, reali o fantastiche, che secondo gli individui sono state alla base delle loro azioni. I fatti storici riguardano i rapporti che legano gli uni agli altri gli individui viventi in società, e le forze sociali che, dalle varie azioni individuali, sviluppano effetti spesso diversi, e non di rado opposti, ai risultati che gli individui si proponevano di raggiungere.

Uno dei maggiori difetti della concezione della storia di Collingwood, che ho discusso nella scorsa lezione, era quello di supporre che il pensiero che si trova al di là de-

[1] H. BUTTERFIELD, *The Englishman and His History*, 1944, p. 103.
[2] Citato da B. W. TUCHMAN, *The Zimmermann Telegram*, New York 1958, p. 180.
[3] La frase è citata da I. BERLIN, *Historical Inevitability*, 1954, p. 7, in cui si valutano positivamente i libri di storia scritti in questi termini.

gli atti, pensiero che lo storico avrebbe il compito di ricostruire, fosse il pensiero dei singoli attori della storia. Si tratta di una supposizione errata. Ciò che lo storico ha il compito di ricostruire è ciò che si trova al di là dei vari atti: a questo scopo il pensiero e le motivazioni consce dei singoli attori della storia possono essere del tutto inutili.

A questo punto dovrei dire qualcosa sulla funzione storica del ribelle o dell'anticonformista. Tracciare l'immagine tradizionale dell'individuo in rivolta contro la società significa reintrodurre la falsa antitesi tra società e individuo. Nessuna società è assolutamente omogenea. Ogni società è un'arena di conflitti sociali, e gli individui che si contrappongono all'autorità esistente sono un prodotto e un riflesso della società non meno di coloro che l'appoggiano. Riccardo II e Caterina la Grande rappresentavano possenti forze sociali dell'Inghilterra del Trecento e della Russia del Settecento: ma lo stesso si può dire di Wat Tyler e di Pugačëv, il capo della grande rivolta dei servi. Tanto i sovrani che i ribelli erano il prodotto delle specifiche condizioni del loro tempo e del loro paese. Descrivere Wat Tyler e Pugačëv come individui in rivolta contro la società è un'erronea semplificazione. Se non fossero stati che questo, lo storico non ne avrebbe mai sentito parlare. Essi devono la loro importanza storica alla massa dei loro seguaci, e sono importanti in quanto fenomeni sociali, e soltanto per questo. Oppure prendiamo un grande ribelle e individualista di natura piú complessa: Nietzsche. Pochi individui si sono opposti in modo piú violento e radicale alla società del loro tempo e del loro paese. Eppure Nietzsche fu un prodotto diretto della società europea, e piú precisamente tedesca – un fenomeno che non avrebbe potuto verificarsi in Cina o in Perú. Una generazione dopo la morte di Nietzsche divenne piú chiaro di quanto non fosse stato ai suoi contemporanei che egli era stato l'espressione di possenti forze sociali europee, e piú precisamente tedesche; e Nietzsche diventò una figura piú significativa per i posteri che per i contemporanei.

La funzione storica del ribelle è in qualche modo analoga a quella del grand'uomo. La teoria storica del grand'uomo – che è un caso particolare della teoria della « buona regina Bettina» – è, in questi ultimi anni, passata di moda, anche se di tanto in tanto mostra ancora il suo volto grottesco. Il curatore di una serie di libri di divulgazione storica apparsa nel secondo dopoguerra, invitava i collaboratori a «porre un importante problema storico attraverso la biografia di un grand'uomo»; e in uno dei suoi saggi minori A. J. P. Taylor ha scritto che «si può scrivere la storia dell'Europa moderna per mezzo di tre figure titaniche: Napoleone, Bismarck e Lenin»[1], anche se nei suoi scritti piú impegnativi egli non ha certo svolto questo avventuroso programma. Qual è la funzione storica del grand'uomo? Il grand'uomo è un individuo, e, essendo un individuo d'eccezione, è anche un fenomeno sociale di eccezionale importanza. «È una verità evidente di per sé – osservava Gibbon – quella che i tempi devono essere adatti agli individui eccezionali, e che il genio di Cromwell e di de Retz avrebbe potuto estinguersi nell'oscurità»[2]. Nel *18 Brumaio di Luigi Bonaparte* Marx diagnosticò il fenomeno opposto: «La lotta di classe in Francia creò circostanze e rapporti tali da rendere possibile a un'assoluta mediocrità di pavoneggiarsi con dei panni da eroe». Se Bismarck fosse nato nel Settecento – ipotesi assurda, perché in questo caso non sarebbe stato Bismarck – non avrebbe unificato la Germania, e forse non sarebbe stato affatto un grand'uomo. Ma mi pare che non ci sia bisogno di screditare, come fa Tolstoj, i grandi uomini, col definirli mere «etichette che dànno il nome agli eventi». Talvolta, naturalmente, il culto del grand'uomo può avere implicazioni spaventose. Il superuomo di Nietzsche è una figura ripugnante. E non è necessario che io ricordi l'esempio di Hitler, o le tremende conseguenze del «culto della personalità» nell'Unione Sovietica. Ma non intendo sminuire la grandezza dei grandi uomini, e neppure sottoscrivere la tesi secondo cui «i grandi uomini sono quasi sempre uomini malvagi». Ciò che spero di screditare è piuttosto la concezione che pone i grandi uomini al di fuori della storia, per poi imporli alla storia grazie alla loro

[1] A. J. P. TAYLOR, *From Napoleon to Stalin*, 1950, p. 74.
[2] E. GIBBON, *Decline and Fall of the Roman Empire*, cap. LXX.

grandezza, come « pupazzi a molla che balzano miracolosamente fuori dall'ignoto interrompendo la continuità reale della storia »[1]. La classica definizione di Hegel mi sembra a tutt'oggi la migliore:

« Il grand'uomo è l'unico che sia in grado di esprimere la volontà del proprio tempo, di dire al proprio tempo quale sia la sua volontà, e di esaudirla. Ciò ch'egli compie è il cuore e l'essenza del proprio tempo; egli realizza il proprio tempo »[2].

Il dottor Leavis vuol dire qualcosa di analogo allorché dice che i grandi scrittori sono « importanti per la consapevolezza umana che essi suscitano »[3]. Il grand'uomo rappresenta sempre forze già esistenti o forze che egli stesso contribuisce a suscitare con la sua sfida all'autorità esistente. Ma forse al piú alto livello di creatività possiamo porre quei grandi uomini che, come Cromwell o Lenin, contribuirono a plasmare le forze che li portarono alla grandezza, anziché quelli, come Napoleone o Bismarck, che cavalcarono verso la grandezza in groppa a forze già esistenti. E d'altra parte non dovremmo dimenticare quei grandi uomini che sopravanzarono di tanto il loro tempo che la loro grandezza fu riconosciuta soltanto dalle generazioni successive. Ciò che mi sembra essenziale è il riconoscere che il grand'uomo è un individuo eccezionale, che è nello stesso tempo prodotto e agente del processo storico, rappresentante e creatore delle forze sociali che trasformano il mondo e le teste degli uomini.

In conclusione, la storia, nella duplice accezione del termine, e cioè sia nel senso della ricerca condotta dallo storico, sia nel senso degli eventi del passato che di tale ricerca sono l'oggetto, è un processo di carattere sociale, a cui gli individui partecipano in quanto esseri sociali; e l'immaginaria antitesi tra società e individuo non è altro che un cartello sviante messo lí apposta per confonderci. Il processo di interazione reciproca tra lo storico e i fatti, ciò che ho definito « dialogo tra presente e passato », è un dialogo non tra individui astrattamente isolati, bensí tra la

[1] V. G. CHILDE, *History*, 1947, p. 43.
[2] *Filosofia del diritto*, trad. ingl., 1942, p. 295.
[3] F. R. LEAVIS, *The Great Tradition*, 1948, p. 2.

società odierna e la società di ieri. Secondo le parole di Burckhardt, la storia è « la registrazione di ciò che un'età trova di notevole in un'altra »[1]. Il passato è comprensibile per noi soltanto alla luce del presente, e possiamo comprendere pienamente il presente unicamente alla luce del passato. Far sí che l'uomo possa comprendere la società del passato e accrescere il proprio dominio sulla società presente: questa è la duplice funzione della storia.

[1] J. BURCKHARDT, *Judgements on History and Historians*, trad. ingl., 1959, p. 158.

Lezione terza

Storia, scienza e giudizi morali

Quand'ero molto giovane, rimasi debitamente colpito nell'apprendere che, nonostante le apparenze, la balena non è un pesce. Oggi, questi problemi di classificazione mi colpiscono meno, cosicché non mi preoccupo troppo quando mi assicurano che la storia non è una scienza. Questo problema terminologico è una particolarità dell'inglese. In tutte le altre lingue europee, la parola corrispondente a *science* si applica senza discussioni anche alla storia. Ma nella cultura anglosassone questo problema ha una lunga storia, i cui punti salienti costituiscono un'utile introduzione ai problemi del metodo storiografico.

Alla fine del Settecento, in un periodo in cui la scienza aveva portato un contributo meraviglioso tanto alla conoscenza del mondo, quanto alla conoscenza degli attributi fisici dell'uomo, ci si cominciò a chiedere se la scienza non fosse in grado di far progredire anche la conoscenza della società. La concezione delle scienze sociali, ivi compresa la storia, si sviluppò gradualmente nel corso dell'Ottocento, e si applicò allo studio delle cose umane il metodo con cui la scienza studiava il mondo della natura. Nella prima parte di questo periodo prevalse la tradizione newtoniana. La società era concepita, come il mondo della natura, in termini meccanicistici: si ricorda ancora il titolo di un libro di Herbert Spencer, pubblicato nel 1851 – *Social Statics*. Un giorno Bertrand Russell, che crebbe in questa tradizione, ricordò il periodo in cui sperava che si sarebbe potuti giungere a « una matematica del comportamento umano non meno precisa della matematica delle macchine »[1]. A questo punto Darwin compí un'altra rivoluzione scientifica; e gli studiosi di scienze sociali, prendendo l'imbeccata dalla biologia, cominciarono a concepire la società in termini organicistici. Ma il nocciolo della rivoluzione darwiniana era dato dal fatto che Darwin, portando a compimento ciò che Lyell aveva già cominciato a fare nel campo della geologia, introduceva nella scienza la dimensione storica. La scienza non aveva piú per oggetto qualcosa di statico e intemporale[2], bensí un processo di trasformazione e di sviluppo. L'idea di evoluzione nella scienza confermava e integrava l'idea di progresso nella storia. Tuttavia non accadde nulla che modificasse la concezione del metodo storico come processo di tipo induttivo, concezione che ho descritto nella prima lezione: prima si raccolgono i fatti e poi si interpretano. Si presupponeva implicitamente che questo fosse anche il metodo delle scienze della natura. Evidentemente Bury si riferiva a questa concezione allorché, nella conclusione della sua prolusione del gennaio 1903, definí la storia « una scienza, né piú e né meno ». I cinquant'anni che seguirono la prolusione di Bury videro una vigorosa reazione contro questa concezione della storia. A Collingwood, che scriveva nel decennio 1930-40, premeva particolarmente di stabilire una separazione netta tra il mondo della natura, oggetto della ricerca scientifica, e il mondo della storia: e in questo periodo la frase di Bury veniva citata tutt'al piú con sarcasmo. Ma ciò di cui gli storici non si resero conto in quel periodo era che la scienza aveva subito a sua volta una profonda rivoluzione, che fa pensare che Bury fosse andato piú vicino alla verità (anche se in un senso diverso da quello ch'egli credeva) di quanto avessimo supposto. Ciò che Lyell fece per la geologia e Darwin per la biologia, è stato fatto ora per l'astronomia, che è diventata la scienza di come l'universo è giunto ad essere ciò che è; e i fisici moderni ci dicono di continuo che l'oggetto della loro ricerca non sono dei fatti, ma degli eventi. Lo storico

[1] B. RUSSELL, *Portraits from Memory*, 1958, p. 20.

[2] Ancora nel 1874 Bradley distingueva la scienza dalla storia per il fatto di occuparsi di ciò che è senza tempo e « imperituro » (F. H. BRADLEY, *Collected Essays*, 1935, I, 36).

è in certa misura giustificato se si sente piú a suo agio oggi nel mondo della scienza che non un secolo fa.

Esaminiamo anzitutto il concetto di legge. Per tutto il Settecento e l'Ottocento gli scienziati pensarono che le leggi naturali – le leggi del moto di Newton, la legge di gravitazione, la legge di Boyle, la legge dell'evoluzione e cosí via – fossero state scoperte e formulate in maniera definitiva, e che pertanto il compito degli scienziati fosse quello di scoprire e formulare altre leggi analoghe, mediante un processo induttivo dall'osservazione dei fatti. La parola « legge » passò circonfusa di nimbi di gloria da Galileo a Newton. Gli studiosi della società, desiderando piú o meno consapevolmente di sottolineare il carattere scientifico delle loro ricerche, adottarono la stessa terminologia e credettero di seguire un identico procedimento. I primi a far ciò furono, a quanto pare, gli economisti, con la legge di Gresham e le leggi del mercato formulate da Adam Smith. Burke invocò « le leggi del commercio, che sono le leggi della natura e di conseguenza le leggi di Dio » [1]. Malthus propose una legge della popolazione, Lassalle una legge bronzea dei salari, e Marx, nella prefazione al *Capitale*, affermò di aver scoperto « la legge economica del moto della società moderna ». Nella conclusione della sua *History of Civilization* Buckle espresse la convinzione che il corso delle vicende umane era « intimamente caratterizzato da uno splendido principio di universale, assoluta regolarità ». Oggi questa terminologia ci appare insieme fuori moda e presuntuosa; ma agli occhi dei fisici essa è quasi altrettanto fuori moda che agli occhi degli studiosi di scienze sociali. Un anno prima della prolusione di Bury il matematico francese Henri Poincaré aveva pubblicato un volumetto intitolato *La science et l'hypothèse* che diede origine a una rivoluzione del pensiero scientifico. La tesi fondamentale di Poincaré era che le proposizioni di carattere generale enunciate dagli scienziati erano, tranne

[1] *Thoughts and Details on Scarcity* (1795) in *The Works of Edmund Burke*, 1846, IV, 270; Burke ne deduceva che « non rientrava nelle competenze del governo in quanto tale, o anche dei ricchi in quanto tali, il fornire ai poveri quei beni indispensabili di cui la Divina Provvidenza ha voluto per il momento privarli ».

nei casi di semplici definizioni o di convenzioni linguistiche mascherate, ipotesi destinate a cristallizzare e organizzare la ricerca di là da venire, e pertanto soggette a verifica, a modificazioni o a confutazioni. Oggi, tutto ciò è diventato quasi un luogo comune. Il vanto di Newton – « Hypothèses non fingo » – suona male alle nostre orecchie; e quantunque gli scienziati, nonché gli studiosi di scienze sociali, parlino ancora talvolta di leggi, tanto per dire, come omaggio alla tradizione, essi non credono piú alla loro esistenza nel senso in cui vi credevano tutti gli scienziati, senza eccezione, del Settecento e dell'Ottocento. Si ammette comunemente che gli scienziati fanno scoperte e ampliano il campo della conoscenza non mediante la formulazione di leggi ampie e precise, ma mediante l'enunciazione di ipotesi che aprano la strada a ulteriori ricerche. Uno dei manuali piú diffusi di metodologia scientifica, opera di due filosofi americani, definisce il metodo scientifico come « essenzialmente circolare »:

« I principî si provano facendo ricorso ai dati empirici, i cosiddetti "fatti": e scegliamo, analizziamo e interpretiamo i dati empirici in base ai principî assunti »[1].

Forse sarebbe stato piú opportuno parlare di « reciprocità » anziché di « circolarità », in quanto il risultato del processo non è un ritorno al punto di partenza, bensí un progresso verso nuove scoperte grazie a questo processo di interazione tra principî e fatti, tra teoria e pratica. Ogni operazione conoscitiva implica l'accettazione di determinati presupposti basati sull'esperienza, che rendono possibile la ricerca scientifica ma che possono essere modificati alla luce della ricerca stessa. Tali ipotesi possono valere in determinati contesti o per determinati scopi, anche se la loro validità cessa in altri contesti o per altri scopi. In ogni caso il criterio di validità è empirico, e cioè la capacità di stimolare effettivamente nuove indagini e ampliare il campo della conoscenza. Or non è molto, uno dei piú rinomati discepoli e collaboratori di Rutherford descriveva cosí i metodi del maestro:

[1] M. R. COHEN e E. NAGEL, *Introduction to Logic and Scientific Method*, 1934, p. 596.

« Egli aveva un gran desiderio di sapere come si svolgevano i fenomeni nucleari, proprio come qualcuno potrebbe dire di voler sapere che cosa sia successo in cucina. Non credo che egli fosse alla ricerca di una spiegazione nel senso classico di una teoria ruotante intorno a poche leggi fondamentali; appena si rendeva conto di ciò che avveniva, era soddisfatto »[1].

Questa descrizione vale anche per lo storico, che ha abbandonato la ricerca di leggi fondamentali, e si limita a ricostruire come le cose si svolgono.

Il carattere delle ipotesi usate dallo storico nel corso della ricerca appare assai simile a quello delle ipotesi usate dallo scienziato. Prendiamo per esempio la celebre analisi di Max Weber sul rapporto esistente tra protestantesimo e capitalismo. Nessuno, oggi, la definirebbe una « legge », quantunque in passato essa possa essere stata salutata come tale. Si tratta di un'ipotesi che, per quanto abbia subito alcune modificazioni nel corso delle ricerche da essa ispirate, ha indubbiamente approfondito la conoscenza di entrambi i termini del rapporto. O prendiamo un'affermazione come quella di Marx: « Il mulino a braccia ci dà una società con un signore feudale; il mulino a vapore ci dà una società con un capitalista industriale »[2]. Secondo la terminologia moderna questa non è una legge, anche se probabilmente Marx l'avrebbe definita cosí, ma piuttosto una feconda ipotesi che apre la strada a ulteriori ricerche e a nuovi risultati. Il notissimo economista tedesco del principio del secolo Werner Sombart, confessò che coloro che avevano abbandonato il marxismo erano colti da un « senso di sgomento ».

« Allorché – egli scrisse – perdiamo le comode formule che fino allora ci avevano guidato attraverso le complessità della vita... ci sentiamo come se stessimo annegando nell'oceano dei fatti, finché non troviamo un appiglio o impariamo a nuotare »[3].

In questa categoria rientrano le discussioni sulle perio-

[1] C. ELLIS, in « Trinity Review », Cambridge, Lent Term, 1960, p. 14.
[2] *Marx-Engels: Gesamtausgabe*, I, VI, 179.
[3] W. SOMBART, *The Quintessence of Capitalism*, trad. ingl., 1915, p. 354.

dizzazioni storiografiche. La suddivisione della storia in periodi non è un fatto, ma un'ipotesi necessaria, uno strumento conoscitivo, valido nella misura in cui aiuta la ricerca, e la cui validità dipende dall'interpretazione adottata. Gli storici che discordano tra loro sul problema della fine del Medioevo discordano nell'interpretazione di determinati eventi. Non si tratta di un problema di giudizi di fatto: ma neppure di un problema inesistente. Analogamente, la suddivisione della storia in settori geografici non è un dato di fatto, ma un'ipotesi: parlare di storia europea può essere un'ipotesi valida e feconda, in certi contesti, e sviante ed errata in altri. La maggior parte degli storici suppongono che la Russia faccia parte dell'Europa, tranne alcuni che lo negano vigorosamente. Si può giudicare di quale tendenza sia uno storico a seconda delle ipotesi che adotta. A questo punto devo citare un'affermazione di carattere generale sui metodi delle scienze sociali, dal momento che essa proviene da un grande studioso di scienze sociali di formazione scientifica. Georges Sorel che, prima di cominciare verso i quarant'anni a occuparsi di problemi sociali, aveva fatto l'ingegnere, sottolineò la necessità di isolare in una data situazione determinati elementi, sia pure a rischio di un eccesso di semplificazione:

« Si dovrebbe procedere a tentoni – egli scrisse – saggiando ipotesi parziali, aventi un certo grado di verosimiglianza, e accontentandosi di approssimazioni provvisorie, in modo da lasciar sempre aperta la possibilità di ulteriori correzioni » [1].

Siamo ben lontani dall'Ottocento, allorché gli scienziati, o gli storici come Acton, si aspettavano di poter fissare un giorno, mediante l'accumulo di fatti debitamente saggiati, un insieme di cognizioni che avrebbe risolto una volta per tutte i problemi rimasti aperti. Oggi, tanto gli scienziati che gli storici nutrono la speranza, ben piú modesta, di passare via via da un'ipotesi circoscritta a un'altra, isolando i fatti per mezzo delle interpretazioni, e saggiando le interpretazioni per mezzo dei fatti; e mi pare

[1] G. SOREL, *Matériaux d'une théorie du prolétariat*, 1919, p. 7.

che nel far ciò essi seguano metodi che non presentano diversità sostanziali. Nella prima lezione ho citato un'osservazione del professor Barraclough, secondo cui la storia non è « in alcun modo composta da giudizi di fatto, bensí da una serie di giudizi tradizionalmente accettati ». Mentre stavo preparando queste lezioni, un fisico appartenente a questa università in una trasmissione radiofonica ha dato questa definizione di verità scientifica: « un'affermazione accettata pubblicamente dai competenti in materia » [1]. Nessuna di queste due formulazioni è del tutto soddisfacente – per motivi che risulteranno chiari quando passerò a discutere il problema dell'obiettività. Ma era sorprendente vedere come uno storico e un fisico formulassero indipendentemente lo stesso problema quasi con le stesse parole.

Tuttavia le analogie sono, com'è noto, una trappola per gli incauti: e io mi propongo di prendere in attenta considerazione gli argomenti di coloro che sostengono che, nonostante le grandi differenze esistenti tra la matematica e le scienze naturali, o tra le varie scienze comprese in queste due categorie, è possibile operare una distinzione fondamentale tra queste scienze e la storia, e che questa distinzione fa sí che definire la storia – e forse anche le altre cosiddette scienze sociali – una scienza, esponga a gravi confusioni. Tali obiezioni – alcune delle quali sono piú convincenti, altre meno – sono, in breve, le seguenti: 1) che la storia ha a che fare esclusivamente con l'individuale, e la scienza con il generale; 2) che dalla storia non si traggono insegnamenti di sorta; 3) che la storia è incapace di fare previsioni; 4) che la storia è necessariamente soggettiva, dal momento che l'uomo osserva se stesso e 5) che la storia, a differenza della scienza, implica problemi religiosi e morali. Cercherò di esaminare uno dopo l'altro questi punti.

In primo luogo, si afferma che la storia ha a che fare con l'individuale e il particolare, e la scienza con il generale e

[1] J. ZIMAN, in « The Listener », 18 agosto 1960.

l'universale. Questa concezione risale, si può dire, a Aristotele, che affermò che la poesia era «piú filosofica» e «piú grave» della storia, dal momento che la poesia era connessa a verità di carattere generale e la storia a verità di carattere particolare[1]. Da allora, una legione di studiosi, fino a Collingwood[2] compreso, hanno operato una distinzione analoga tra la scienza e la storia. Quest'affermazione sembra poggiare su un errore. La famosa frase di Hobbes ha conservato tutto il suo valore: «Non c'è nulla al mondo che sia universale tranne i nomi, giacché ognuna delle cose nominate è individuale e singolare»[3]. Ciò vale certamente per le scienze naturali: due formazioni geologiche, due animali della stessa specie, due atomi non sono certo identici. Analogamente, non esistono due eventi storici che siano identici tra loro. Ma insistere sull'unicità degli eventi storici ha lo stesso effetto paralizzante della banalità del vescovo Butler ripresa da Moore e molto apprezzata in un certo periodo dai filosofi dell'analisi del linguaggio: «Ogni cosa è ciò che è e non un'altra cosa». Chi prende questa via arriva ben presto a una specie di nirvana filosofico, in cui non si può dire nulla di importante su niente.

L'uso stesso della lingua obbliga lo storico, come lo scienziato, alla generalizzazione. La guerra del Peloponneso e la seconda guerra mondiale furono molto diverse tra loro, ed entrambe uniche e irripetibili: eppure lo storico parla in entrambi i casi di guerre, e a protestare saranno soltanto i pedanti. Allorché Gibbon definí tanto l'affermarsi del cristianesimo che la nascita dell'Islam «rivoluzioni»[4], comprese due eventi irripetibili sotto il segno di un'unica generalizzazione. Gli storici moderni fanno lo stesso allorché parlano delle rivoluzioni inglese, francese, russa e cinese. In realtà, lo storico non ha a che fare con ciò che è irripetibile, ma con ciò che, nell'irripetibile, ha un carattere generale. Nel decennio 1920-30 le discussioni che si svolgevano tra gli storici sulle cause della guer-

[1] *Poetica*, cap. IX.
[2] R. G. COLLINGWOOD, *Historical Imagination*, 1935, p. 5.
[3] *Leviathan*, I, IV.
[4] *Decline and Fall of the Roman Empire*, cap. XX.

ra del 1914, partivano dal presupposto che essa fosse stata provocata o dagli errori dei diplomatici, che agivano in segreto e al di fuori del controllo dell'opinione pubblica, o dalla malaugurata divisione del mondo in stati sovrani plurinazionali. Nel decennio 1930-40 le stesse discussioni partivano dal presupposto che la guerra fosse stata provocata dalle rivalità tra le potenze capitalistiche, che erano spinte dalle difficoltà del capitalismo in declino alla spartizione del globo. Tutte queste discussioni implicavano delle generalizzazioni sulle cause della guerra, o almeno sulle cause della guerra nella situazione del ventesimo secolo. Lo storico si serve continuamente di generalizzazioni per saggiare i fatti di cui dispone. Se non è accertato che Riccardo abbia assassinato i bambini nella Torre di Londra, lo storico si chiederà – forse piú inconsapevolmente che consapevolmente – se i governanti di quel periodo usavano liberarsi dei potenziali rivali al trono; e il suo giudizio sarà influenzato, non a torto, da questa generalizzazione.

Colui che legge un libro di storia è, come colui che lo scrive, un generalizzatore cronico, che applica le osservazioni dello storico ad altri contesti storici che gli sono familiari – o magari al tempo in cui vive. Quando leggo la *History of the French Revolution* di Carlyle, mi scopro di continuo nell'atto di generalizzare i suoi commenti applicandoli al mio interesse specifico per la Rivoluzione russa. Prendiamo, ad esempio, questo commento sul Terrore:

« È orribile nei paesi che hanno conosciuto una giustizia equa mentre non è troppo innaturale nei paesi che non l'hanno mai conosciuta ».

O questo, piú importante:

« È spiacevole, seppur molto spiegabile, che la storia di questo periodo sia stata scritta generalmente in chiave isterica. Dappertutto troviamo esagerazione, esecrazione, compianto, il tutto avvolto nell'oscurità » [1].

Oppure prendiamo quest'altro esempio, tratto questa volta da Burckhardt, sullo sviluppo dello stato moderno nel Cinquecento:

[1] *History of the French Revolution*, I, v, cap. 9; III, I, cap. I.

« Quanto piú il potere ha un'origine recente, tanto meno esso può rimanere statico; in primo luogo, perché coloro che l'hanno creato si sono abituati a una situazione in continuo movimento, e sono e rimangono innovatori *per sé*; in secondo luogo, perché le forze che essi hanno fatto scaturire o hanno assoggettato possono essere impiegate soltanto grazie a nuovi atti di violenza » [1].

Affermare che le generalizzazioni sono estranee all'attività dello storico, è una sciocchezza: la storia si nutre di generalizzazioni. Come afferma chiaramente Elton in un volume della nuova *Cambridge Modern History*, « ciò che distingue lo storico dal mero raccoglitore di fatti storici, è l'uso di generalizzazioni » [2]; e avrebbe potuto aggiungere che la stessa cosa distingue lo scienziato dal naturalista o dal collezionista. Tuttavia non bisogna supporre che la generalizzazione consenta di costruire grandi schemi storiografici in cui sia possibile inserire i singoli eventi. E, dal momento che si è accusato Marx di essere uno di coloro che costruiscono tali schemi, o credono nella loro utilità, citerò a mo' di conclusione un passo tratto dal suo epistolario, in cui il problema è posto nella giusta prospettiva:

« Degli eventi sorprendentemente analoghi, che tuttavia si verificano in contesti storici diversi, hanno effetti completamente diversi. Studiando separatamente ognuno di questi processi evolutivi e confrontandoli, troviamo facilmente la chiave per comprendere il fenomeno in questione; ma in nessun caso è possibile arrivare a tale comprensione servendosi come di un *passe-partout* di certe teorie storico-filosofiche che hanno la gran virtú di porsi al di sopra della storia » [3].

La storia studia la relazione che intercorre tra l'indivi-

[1] J. BURCKHARDT, *Judgements on History and Historians*, trad. ingl., 1959, p. 34.

[2] *Cambridge Modern History*, II, 1958, p. 20.

[3] K. MARX e F. ENGELS, *Opere*, ed. russa, XV, p. 378; la lettera da cui è tratto il passo citato apparve sul giornale russo « Otečestvennye Zapiski » nel 1877. A quanto pare, il professor Popper attribuisce a Marx quello che egli definisce « l'errore fondamentale dello storicismo », e cioè la credenza nella « possibilità di dedurre da leggi universali » le linee di tendenza e di sviluppo della storia (*The Poverty of Historicism*, 1957, pp. 128-29): il che è per l'appunto ciò che Marx negò esplicitamente.

duale e irripetibile e il generale. Se siete uno storico, vi è impossibile separare i due elementi, o accentuare l'uno a scapito dell'altro, cosí come non potete separare i fatti dall'interpretazione.

A questo punto sarà forse opportuno accennare brevemente ai rapporti tra storia e sociologia. Attualmente la sociologia si trova a dover fronteggiare due pericoli opposti – il pericolo di diventare iperteoretica e quello di diventare iperempirica. Il primo, è il pericolo di disperdersi in generalizzazioni astratte e senza senso sulla società in generale. Parlare di Società con l'S maiuscola è altrettanto erroneo e pericoloso che parlare di Storia con l'S maiuscola. Questo pericolo è aggravato da coloro che assegnano alla sociologia come unico compito quello di operare generalizzazioni sulla base degli eventi individuali catalogati dalla storia: c'è stato anche chi ha supposto che la sociologia si distingua dalla storia per il fatto di avere delle « leggi »[1]. L'altro pericolo è quello, presagito quasi una generazione fa da Karl Mannheim, e divenuto oggi attualissimo, di una sociologia « sminuzzata in una serie discreta di problemi tecnici di integrazione sociale »[2]. La sociologia ha a che fare con società storiche, ognuna delle quali ha caratteristiche individuali ed è plasmata da antecedenti e condizioni storiche specifiche. Ma il tentativo di evitare le generalizzazioni e l'interpretazione confinandosi nei cosiddetti problemi « tecnici » dell'enumerazione e dell'analisi, finisce per dar luogo soltanto all'apologetica inconsapevole di una società statica. Se la sociologia vuol diventare un fecondo campo di studio, deve, analogamente alla storia, prendere in esame il rapporto tra individua-

[1] Questo risulta essere il punto di vista del professor Popper (*The Open Society*, 2ª ed., 1952, II, p. 322). Malauguratamente egli fornisce un esempio di legge sociologica: « Dovunque la libertà di pensiero e di circolazione intellettuale è effettivamente protetta da istituti legali e da istituzioni che garantiscano la pubblicità della discussione, si verificherà un progresso scientifico ». Queste parole, scritte nel 1942 o 1943, erano palesemente influenzate dalla convinzione che le democrazie occidentali, grazie alle istituzioni di cui disponevano, avrebbero continuato a rimanere alla testa del progresso scientifico – una convinzione, questa, che doveva in seguito cadere, o almeno indebolirsi fortemente, in seguito ai progressi compiuti dall'Unione Sovietica. L'affermazione anzidetta non solo non era una legge, ma neppure una generalizzazione valida.

[2] K. MANNHEIM, *Ideology and Utopia*, trad. ingl., 1936, p. 228.

le e generale. Ma essa deve anche diventare dinamica – e cioè non studiare la società come se fosse immobile (dato che una società immobile non esiste), ma le trasformazioni e lo sviluppo della società. Riguardo al resto, dirò semplicemente che piú la storia diventerà sociologica e la sociologia storica, tanto meglio sarà per entrambe. La frontiera tra sociologia e storia deve rimanere aperta a un traffico in entrambi i sensi.

Il problema della generalizzazione è strettamente legato al secondo dei problemi che abbiamo posto: le lezioni della storia. L'aspetto piú importante della generalizzazione è che grazie ad essa cerchiamo di imparare dalla storia, applicando le lezioni tratte da un gruppo di eventi a un altro gruppo di eventi: allorché generalizziamo cerchiamo, piú o meno consapevolmente, di giungere a ciò. Coloro che respingono la generalizzazione e insistono sul fatto che la storia si occupa esclusivamente dell'individuale, sono anche – ed è abbastanza logico – coloro che negano che si possa imparare qualcosa dalla storia. Ma l'affermazione che gli uomini non imparano nulla dalla storia è contraddetta da un'infinità di fatti. Si tratta di un'esperienza estremamente comune. Nel 1919 mi trovavo alla conferenza della pace di Parigi, in qualità di membro subalterno della delegazione inglese. Tutti i membri della delegazione credevano nella possibilità di far tesoro delle lezioni del congresso di Vienna, l'ultimo grande congresso per la pace tenutosi in Europa un secolo prima. Un certo capitano Webster, che era allora un impiegato del ministero della Guerra, e oggi è l'eminente storico sir Charles Webster, scrisse un saggio per dirci in che cosa consistevano quelle lezioni. Me ne sono rimaste nella memoria due. La prima, che era pericoloso trascurare il principio di autodeterminazione, nell'atto di tracciare nuovamente la carta geografica dell'Europa. La seconda, che era pericoloso gettare nel cestino della carta straccia dei documenti segreti, il cui contenuto sarebbe stato certamente comprato dai servizi segreti di un'altra delegazione. Queste lezioni della storia furono accettate come vangelo, e influirono sul nostro comportamento. L'esempio che abbiamo citato è recente e di importanza trascurabile; ma sarebbe facile rintracciare nella storia relativamente piú antica l'influsso delle lezioni tratte da un passato ancora piú antico. Tutti conoscono l'influsso esercitato dalla Grecia su Roma; ignoro, tuttavia, se uno storico abbia mai tentato di analizzare minutamente le lezioni che i romani trassero, o credettero di trarre, dalla storia dell'Ellade. Esaminare quali lezioni l'Europa occidentale abbia tratto nel Sei, Sette e Ottocento dalla storia del Vecchio Testamento, potrebbe portare a notevoli risultati. Senza di esse, è impossibile comprendere appieno la rivoluzione puritana inglese; e la concezione del popolo eletto costituí un fattore importante della nascita del nazionalismo moderno. Nell'Ottocento, la nuova classe dirigente inglese ebbe una forte impronta di cultura classica. Come ho già notato, Grote pose Atene a modello della nuova democrazia; e mi piacerebbe vedere uno studio sulle cospicue e importanti lezioni che i fondatori dell'impero britannico trassero, piú o meno consapevolmente, dalla storia dell'impero romano. Nel mio campo di studio, gli autori della Rivoluzione russa furono profondamente influenzati – e si potrebbe addirittura dire, ossessionati – dalle lezioni della Rivoluzione francese, delle rivoluzioni del 1848 e della Comune di Parigi del 1871. Ma a questo proposito devo richiamare una caratteristica legata al duplice carattere della storia. Imparare dalla storia non è mai un processo unilaterale. Imparare a intendere il presente alla luce del passato significa anche imparare a intendere il passato alla luce del presente. La funzione della storia è di promuovere una piú profonda comprensione del passato e del presente alla luce delle loro reciproche interrelazioni.

Il terzo punto riguarda la funzione della previsione nella storia. Si suol dire che dalla storia non si possono trarre lezioni, poiché la storia, a differenza della scienza, non è in grado di prevedere il futuro. Si tratta di un problema avvolto da una serie di equivoci. Come abbiamo visto, gli scienziati non sono piú inclini come in passato a parlare di leggi naturali. Le cosiddette leggi scientifiche che influiscono sulla nostra vita quotidiana sono in realtà affermazioni di carattere tendenziale, affermazioni riguardanti ciò che accadrà in condizioni immutate o nelle condizioni create in laboratorio. Gli scienziati non pretendono di prevedere ciò che avverrà nei casi concreti. La legge di gravità non prova che quella singola mela cadrà al suolo: qualcuno potrebbe farla cadere in un cesto. La legge dell'ottica, secondo cui la luce viaggia in linea retta, non esclude che un singolo raggio di luce possa essere rifratto o deviato da un oggetto interposto. Ma ciò non significa che queste leggi siano inutili, o che abbiano una minore attività teorica. Si dice che le teorie fisiche moderne considerino unicamente le probabilità del verificarsi di determinati eventi. Oggi la scienza è piú incline a ricordare che l'induzione può condurre logicamente soltanto ad affermazioni di probabilità o a supposizioni fondate, e preferisce considerare le proprie affermazioni come indicazioni o regole generali, la cui validità può essere saggiata soltanto alla prova dei fatti. « Science, d'où prévoyance; prévoyance, d'où action », come affermò Comte[1]. La soluzione del problema della previsione storica consiste in questa distinzione tra il generale e il particolare, tra l'universale e l'individuale. Come abbiamo visto, lo storico è portato a generalizzare, e nel far ciò, egli fornisce all'azione futura indicazioni di carattere generale che, pur non essendo previsioni particolareggiate, sono pur tuttavia valide e utili. Ma lo storico non può prevedere eventi particolari, in quanto il particolare ha un carattere di assoluta singolarità, in cui entra un elemento casuale. Tale distinzione, problematica agli occhi dei filosofi, è perfettamente chiara a quelli dell'uomo comune. Se in una scuola vedete due o tre bambini col morbillo, dite che il contagio si diffonderà; e questa previsione, se vi date la briga di chiamarla cosí, è basata su una generalizzazione che a sua volta è tratta dalle esperienze passate, ed è una valida e utile indicazione per l'azione. Ma è impossibile fare una previsione particolare, come per esempio che Carlo o Maria si

[1] *Cours de philosophie positive*, I, 51.

prenderanno il morbillo. Lo storico si comporta nello stesso modo. La gente non si aspetta che lo storico preveda che una rivoluzione scoppierà in Ruritania il mese prossimo. Il tipo di conclusione che la gente cercherà di trarre, in parte da una conoscenza particolareggiata della Ruritania, e in parte dallo studio della sua storia, è questo: la situazione della Ruritania è tale che è probabile che nell'immediato futuro vi scoppi una rivoluzione, a meno che qualcuno non riesca a risolvere la situazione o che il governo non faccia qualcosa per arrestare la rivoluzione stessa. Questa conclusione può essere accompagnata da previsioni, basate in parte sull'analogia con altre rivoluzioni, sull'atteggiamento che è presumibile che adottino i vari strati della popolazione. La previsione, se cosí la possiamo chiamare, può divenire realtà soltanto qualora si verifichino eventi particolari, intrinsecamente imprevedibili. Ma ciò non significa che sia inutile trarre dalla storia deduzioni relative al futuro, o che esse manchino di una validità limitata che le rende utili sia per agire che per comprendere la realtà. Non voglio insinuare che le deduzioni dello studioso di scienze sociali o dello storico possano competere in fatto di precisione con quelle del fisico, né che la loro inferiorità da questo punto di vista sia dovuta semplicemente al maggiore grado di arretratezza delle scienze sociali. L'uomo è, in ogni senso, l'entità naturale piú complessa tra quelle a noi note, e non c'è da stupirsi se lo studio del suo comportamento implica difficoltà assolutamente diverse da quelle che si presentano al fisico. Ciò che volevo dimostrare era che i fini e i metodi dello storico e del fisico non presentano diversità sostanziali.

Il quarto punto introduce nella discussione un argomento di ben maggiore portata a favore di quanti intendono tracciare una linea di separazione tra le scienze sociali, ivi compresa la storia, e le scienze naturali. Nelle scienze sociali – si afferma – il soggetto e l'oggetto della ricerca sono della stessa natura e agiscono reciprocamente l'uno sull'altro. Gli esseri umani, oltre ad essere la piú complessa e variabile delle entità naturali, sono destinati ad essere studiati da altri esseri umani, e non da osservatori neutrali di altre specie. Qui l'uomo non si limita, come nelle scienze biologiche, a studiare la propria struttura e le proprie reazioni fisiche. Il sociologo, l'economista o lo storico devono analizzare dei tipi di comportamento umano in cui la volontà è attivamente presente, e accertare perché gli esseri umani che sono oggetto del loro studio decisero di agire come agirono. Questo fatto pone un rapporto, caratteristico della storia e delle scienze sociali, tra l'osservatore e ciò che è oggetto di osservazione. Il punto di vista dello storico entra inevitabilmente a far parte di ognuna delle sue osservazioni; la relatività è parte integrante della storia. Come affermò Karl Mannheim, « anche le categorie che sussumono, raccolgono e organizzano le varie esperienze, variano a seconda della posizione sociale dell'osservatore » [1]. Ma non si tratta semplicemente del fatto che il punto di vista dello studioso di scienze sociali entra inevitabilmente in ognuna delle sue osservazioni; è vero anche che il processo di osservazione influisce e modifica ciò che viene osservato. Ciò avviene in due modi opposti. Gli esseri umani, il cui comportamento è oggetto di analisi e di previsione, possono essere messi in guardia anticipatamente dalla previsione di conseguenze sfavorevoli, ed essere indotti pertanto a modificare adeguatamente il loro comportamento, cosicché la previsione, per quanto basata su un'analisi corretta, si smentisce da sé. Uno dei motivi per cui è raro che la storia si ripeta tra coloro che sono dotati di consapevolezza storica, è che le *dramatis personae* durante la seconda rappresentazione conoscono già il *dénouement* della prima, e questa consapevolezza influisce sulle loro azioni [2]. I bolscevichi sapevano che la Rivoluzione francese era sfociata in un Napoleone, e temevano che la loro rivoluzione potesse fare la stessa fine; perciò diffidarono di Trockij, che era quello tra i loro capi che somigliava di piú a un Napoleone, e si fidarono di Stalin, che era quello che gli somigliava meno. Ma questo processo può agire in direzione opposta. L'economista che,

[1] K. MANNHEIM, *Ideology and Utopia*, 1936, p. 130.
[2] Questo punto è stato svolto da chi scrive in *The Bolshevik Revolution, 1917-1923*, I, 1950, p. 42 [trad. it., Torino 1964, p. 44].

con un'analisi scientifica della situazione economica, prevede l'approssimarsi di una fase di prosperità o di depressione, contribuisce con la sua previsione, se è uno studioso autorevole e le sue argomentazioni sono stringenti, a far sí che si verifichi il fenomeno previsto. Lo studioso di politica che, sulla base di osservazioni storiche, nutre la convinzione che il despotismo ha vita breve, può contribuire alla caduta del despota. Tutti conoscono il comportamento dei candidati alle elezioni, che prevedono la propria affermazione con lo scopo preciso di rendere piú probabile il verificarsi della previsione; e viene il sospetto che allorché gli economisti, gli studiosi di politica e gli storici si arrischiano a fare previsioni, siano ispirati non di rado dalla speranza inconsapevole di accelerare il realizzarsi della loro previsione. Forse, l'unica cosa che si può dire con certezza su questi complessi rapporti, è che l'interazione tra l'osservatore e l'oggetto osservato, tra lo studioso di scienze sociali e i dati di cui dispone, tra lo storico e i fatti che egli studia, è ininterrotta, e varia ininterrottamente: il che è probabilmente una caratteristica specifica della storia e delle scienze sociali.

A questo punto dovrei forse osservare che negli ultimi anni alcuni fisici hanno parlato della loro disciplina in termini che sembrerebbero suggerire l'esistenza di analogie ancora piú impressionanti tra l'universo dei fisici e il mondo degli storici. In primo luogo, si afferma che i risultati che essi ottengono implicano un principio di incertezza o di indeterminazione. Nella prossima lezione parlerò della natura e dei limiti del cosiddetto determinismo storico. Ma sia che l'indeterminazione dei fisici moderni derivi dalla natura dell'universo, sia che si tratti invece semplicemente di un segno della comprensione ancora imperfetta che ne abbiamo (il problema è tuttora aperto), rimarrei pur sempre dubbioso sulla possibilità di stabilire analogie effettive tra il principio di indeterminazione e la nostra capacità di fare previsioni storiche, cosí come pochi anni or sono si rimaneva dubbiosi di fronte ai tentativi fatti da qualche entusiasta di dimostrare in base a questo principio l'esistenza del libero arbitrio nell'universo. In secondo luogo, si afferma che nella fisica moderna la misurazione delle distanze spaziali e degli scarti temporali dipende dal moto dell'« osservatore ». Nella fisica moderna ogni misurazione è soggetta a variazioni sostanziali, derivanti dall'impossibilità di stabilire un rapporto costante tra l'« osservatore » e ciò che viene osservato: nel risultato finale dell'osservazione entrano pertanto sia l'« osservatore » sia ciò che viene osservato – tanto il soggetto che l'oggetto. Ma, se queste descrizioni potrebbero essere riferite, con modificazioni minime, ai rapporti esistenti tra lo storico e l'oggetto delle sue osservazioni, mi pare che l'essenza di questi rapporti non sia minimamente paragonabile alla natura dei rapporti tra il fisico e l'universo; e per quanto in linea di principio io cerchi di ridurre anziché di accentuare le differenze tra l'impostazione dello storico e quella dello scienziato, sarebbe inutile cercare di far sparire d'incanto tali differenze per mezzo di analogie sommarie.

Ma, se mi pare giusto dire che lo studioso di scienze sociali e lo storico sono coinvolti nell'oggetto della ricerca diversamente dal fisico, e che i problemi posti dai rapporti tra soggetto e oggetto sono nel primo caso assai piú complicati, ciò non basta a chiudere il discorso. Le teorie gnoseologiche classiche, che prevalsero nel Seicento, Settecento e Ottocento, presupponevano tutte un'assoluta separazione tra il soggetto conoscente e l'oggetto conosciuto. In qualunque modo si concepisse il processo della conoscenza, i modelli costruiti dai filosofi presentavano sempre il soggetto e l'oggetto, l'uomo e il mondo esterno, come separati e distanti. Era il grande periodo di nascita e sviluppo della scienza, e le teorie gnoseologiche subirono fortemente l'influsso delle concezioni dei pionieri della scienza. L'uomo era posto violentemente di contro al mondo esterno, e lottava con esso come con qualcosa di ribelle e di potenzialmente ostile – ribelle perché difficile a comprendere, potenzialmente ostile perché difficile a padroneggiare. Questa concezione mutò radicalmente con i progressi della scienza moderna. Oggi lo scienziato non tende piú a pensare alle forze della natura come a qualcosa contro cui lottare, ma come a qualcosa con cui cooperare, qualcosa da imbrigliare per i propri scopi. Le teorie gnoseologiche classiche non sono piú adeguate alla scienza piú moderna, in particolare alla fisica. Non c'è da stupirsi se negli ultimi cinquant'anni i filosofi hanno cominciato a metterle in discussione, e a riconoscere che il processo della conoscenza, lungi dal porre il soggetto e l'oggetto uno di fronte all'altro, implica un certo grado di interrelazione e di interdipendenza tra i due termini. In ogni caso, ciò è estremamente importante per le scienze sociali. Nella prima lezione ho fatto notare come fosse difficile conciliare lo studio della storia con la teoria empiristica tradizionale della conoscenza. Ora vorrei dire che le scienze sociali nel loro complesso, dal momento che coinvolgono l'uomo sia come soggetto che come oggetto, sia come ricercatore che come oggetto della ricerca, sono incompatibili con ogni teoria gnoseologica che ponga una rigida separazione tra soggetto e oggetto. Nel tentativo di porsi come un complesso coerente di discipline, la sociologia ha dato vita, giustamente, a una disciplina denominata sociologia della conoscenza. Essa tuttavia non ha raccolto troppi frutti – soprattutto, credo, perché si è limitata ad aggirarsi nella gabbia della teoria gnoseologica tradizionale. Se i filosofi, dapprima sotto l'impulso della fisica moderna, e ora delle scienze sociali moderne, stanno cominciando a rompere questa gabbia e a uscirne fuori, costruendo un modello dei processi conoscitivi piú aggiornato dell'antico modello a forma di palla da biliardo – i dati sensoriali che colpiscono una coscienza passiva – possiamo trarne un buon auspicio per le scienze sociali, e in particolare per la storia. Si tratta di un problema di una certa importanza, sul quale ritornerò in seguito, allorché passerò a considerare che cosa intendiamo per obiettività storica.

Last but not least, devo esaminare la concezione secondo cui la storia, essendo intimamente legata a problemi religiosi o morali, si distingue per questo motivo dalla scienza in generale, e forse anche dalle altre scienze sociali. Riguardo al rapporto tra storia e religione, mi limiterò a dire quel tanto che basta a chiarire il mio punto di vista. È possibile essere astronomi seri anche credendo in un Dio che abbia creato e ordinato l'universo; non, però, credendo in un Dio che intervenga a proprio piacere per modificare il percorso di un pianeta, o per posticipare un'eclisse, o per alterare le regole del gioco cosmico. Analogamente, si è affermato talvolta che uno storico serio può credere in un Dio che abbia ordinato e impresso un significato al corso complessivo della storia, quantunque non gli sia lecito credere in un Dio come quello del Vecchio Testamento, che interviene per fare strage degli amalechiti, o imbroglia il calendario prolungando le ore di luce a vantaggio dell'esercito di Giosuè. Cosí, non gli è lecito ricorrere a Dio come spiegazione di singoli eventi storici. In un libro recente padre D'Arcy ha tentato di fare questa distinzione:

« Uno studioso non deve risolvere ogni problema storico ricorrendo al dito di Dio. Soltanto quando avremo cercato di chiarire per quanto è possibile gli eventi mondani e il dramma umano, potremo introdurre considerazioni piú ampie »[1].

Il ridicolo di questa posizione è dato dal fatto che essa tratta la religione come la matta al gioco delle carte, che va riservata per le situazioni veramente importanti, che è impossibile risolvere altrimenti. Meglio, allora, il teologo calvinista Karl Barth[2] che proclamò un'assoluta separazione tra la storia divina e quella umana, affidando quest'ultima al braccio secolare. Se capisco bene, il professor Butterfield vuol dire la stessa cosa, allorché parla di storia « tecnica ». La storia tecnica è l'unico tipo di storia che io o voi riusciremo mai a scrivere, e l'unica che Butterfield stesso abbia mai scritto. Ma grazie a questo strano termine, egli si riserba il diritto di credere in una storia esoterica o provvidenziale, di cui noi altri non abbiamo bisogno di occuparci. Uomini come Berdjaev, Niebuhr e Maritain intendono salvare il carattere autonomo della storia, ma insistono sul fatto che il fine o la meta della storia sono posti al di fuori di essa. Per quanto mi riguarda, mi riesce difficile conciliare l'autonomia della storia con la fe-

[1] M. C. D'ARCY, *The Sense of History: Secular and Sacred*, 1959, p. 164; in ciò egli era stato preceduto da Polibio: « Finché è possibile rintracciare le cause di ciò che avviene non bisognerebbe far ricorso alla divinità » (citato in K. VON FRITZ, *The Theory of the Mixed Constitution in Antiquity*, New York 1954, p. 390).

[2] [Nel testo, per una svista: « the Lutheran theologian »].

de in una forza sovrastorica da cui dipendano il significato e l'importanza della storia – qualunque sia questa forza, il Dio del Popolo Eletto, il Dio cristiano, la « mano occulta » dei deisti, lo spirito del mondo di Hegel. Ai fini di queste lezioni, presupporrò che lo storico debba risolvere i propri problemi senza ricorrere a nessuno di questi *deus ex machina*, e che la storia è un gioco che va giocato, per dir cosí, con un mazzo di carte senza la matta.

Il rapporto tra storia e morale è piú complicato, e in passato le discussioni in proposito sono state inficiate da non poche ambiguità. Oggi non c'è bisogno di insistere sul fatto che allo storico non si chiede di esprimere giudizi morali sulla vita privata dei personaggi della sua storia. Il punto di vista dello storico non è quello del moralista. Enrico VIII può essere stato un cattivo marito e un buon re; ma lo storico si interessa al primo soltanto nella misura in cui ha influito sugli eventi storici. Se le sue manchevolezze morali avessero avuto sulla vita pubblica ripercussioni altrettanto trascurabili di quelle di Enrico II, lo storico potrebbe fare a meno di occuparsene. Ciò vale tanto per i vizi che per le virtú. Pasteur e Einstein furono, a quanto pare, uomini dalla vita privata esemplare, degna di un santo. Ma supponiamo che essi fossero stati mariti infedeli, padri spietati e colleghi privi di scrupoli: forse che la loro importanza storica ne sarebbe in qualche modo diminuita? Ed è soltanto di essa che lo storico si deve occupare. Pare che Stalin abbia agito con crudeltà e spietatezza nei confronti della sua seconda moglie: ma, in quanto storico dei problemi sovietici, la cosa non mi interessa granché. Questo non significa che agire moralmente nella vita privata non sia importante, o che la storia degli atteggiamenti morali non sia una forma legittima di storia. Ma lo storico non deve mettersi a lanciare giudizi morali sulla vita privata degli individui che compaiono nei suoi libri: ha ben altro da fare.

La difficoltà piú seria sorge a proposito del problema dei giudizi morali sulle azioni pubbliche. La credenza che sia dovere dello storico emettere giudizi morali sulle sue *dramatis personae* ha una lunga storia. Mai, tuttavia, essa ebbe tanta diffusione come nell'Inghilterra dell'Ottocento, dove s'incontrava con le tendenze moraleggianti del tempo e con il culto sfrenato dell'individualismo. Rosebery notava che ciò che gli inglesi volevano sapere a proposito di Napoleone era se fosse stato una « persona perbene »[1]. In una lettera a Creighton, Acton dichiarò che « nell'inflessibilità del giudizio morale consiste il segreto dell'autorevolezza, della dignità e dell'utilità della Storia », e pretese di fare della storia « un arbitro nelle dispute, una guida per il viandante, il baluardo di quell'atteggiamento di moralità che le potenze mondane e religiose tendono continuamente ad abbassare »[2] – una concezione, questa, fondata sulla fede quasi mistica di Acton nell'oggettività e nel valore supremo dei fatti storici, che a quanto pare impongono e insieme dànno il diritto allo storico di emettere giudizi morali sugli individui che partecipano agli eventi storici, in nome di una Storia vista come una specie di potenza sovrastorica. Talvolta questo atteggiamento continua a ripresentarsi in forme inaspettate. Il professor Toynbee definí l'invasione dell'Etiopia compiuta da Mussolini nel 1935 « malvagità deliberata di un individuo »[3], e sir Isaiah Berlin, nel saggio già ricordato, insiste con veemenza sul fatto che lo storico ha il dovere di « giudicare Carlo Magno, Napoleone, Genghiz Khān, Hitler o Stalin per i massacri che compirono »[4]. Questo punto di vista è stato già sufficientemente criticato dal professor Knowles, che nella sua prolusione citò l'accusa mossa a Filippo II dal Motley (« se esistono vizi... da cui

[1] A. P. P. ROSEBERY, *Napoleon: The Last Phase*, p. 364.

[2] J. ACTON, *Historical Essays and Studies*, 1907, p. 505.

[3] « Survey of International Affairs », II, 1935, 3.

[4] I. BERLIN, *Historical Inevitability*, pp. 76-77. L'atteggiamento di sir Isaiah ricorda le posizioni di un giurista risolutamente conservatore dell'Ottocento, Fitzjames Stephen: « La legge penale parte, quindi, dal principio che è moralmente giusto odiare i delinquenti... È altamente auspicabile che i delinquenti siano odiati, e che le pene inflitte ad essi siano escogitate in modo tale da esprimere tale odio, e giustificarlo, finché la pubblica elargizione di strumenti volti a esprimere e appagare un sentimento sano e naturale, sia in grado di giustificarlo e incoraggiarlo » (*A History of the Criminal Law of England*, 1883, II, pp. 81-82, citato in L. RADZINOWICZ, *Sir James Fitzjames Stephen*, 1957, p. 30). Ormai queste concezioni non sono piú molto diffuse tra i criminologi: ma la mia opposizione ad esse è data dal fatto che, qualunque sia la loro validità in altri campi, esse non sono applicabili ai giudizi storici.

egli era immune, ciò significa che la natura umana non ha il potere di raggiungere la perfezione neppure nel male ») e la definizione di re Giovanni data dallo Stubbs (« imbrattato da tutti i crimini che possono disonorare un uomo »), come esempi di giudizi morali individuali che non rientrano nelle competenze dello storico: « lo storico non è un giudice, e meno che mai un giudice che emette sentenze capitali »[1]. Ma vorrei citare a questo proposito anche un bel passo di Croce:

« ... Non si pon mente alla non piccola differenza che i tribunali nostri (giuridici o morali che siano) sono tribunali del presente e per uomini vivi e agenti e pericolosi, e quelli sostennero già i tribunali del loro tempo, e non possono essere assolti o condannati due volte. Non sono essi responsabili dinanzi a nessun nuovo tribunale appunto perché, uomini del passato, entrati nella pace del passato, e come tali oggetto solamente di storia, non sopportano altro giudizio che quello che penetra nello spirito dell'opera loro e li comprende... Coloro che, assumendo di narrare storie, si affannano a far giustizia, condannando e assolvendo, perché stimano che questo sia l'uffizio della storia... sono concordemente riconosciuti manchevoli di senso storico »[2].

E se qualcuno trova da ridire sull'affermazione che non è nostro compito emettere giudizi morali su Hitler o su Stalin – o, se preferite, sul senatore McCarthy – ciò avviene perché essi sono stati contemporanei di molti di noi, perché centinaia di migliaia di persone che ebbero a soffrire direttamente o indirettamente per le loro azioni sono ancora vive, e perché, appunto per questi motivi, ci è difficile accostarci a questi personaggi in veste di storici, spogliandoci delle facoltà che potrebbero giustificare il nostro emettere giudizi sulle loro azioni: e questa è una delle difficoltà – la maggiore, a mio parere – che si presentano allo storico dell'età contemporanea. Ma che utilità può avere il denunciare, oggi, le colpe di Carlo Magno o di Napoleone?

[1] D. KNOWLES, *The Historian and Character*, 1955, pp. 4-5, 12, 19.
[2] B. CROCE, *La storia come pensiero e come azione*, Bari 1938, pp. 33-34 (trad. ingl.: *History as the Story of Liberty*, 1941, p. 47).

Respingiamo, perciò, la visione dello storico in veste di giudice, e passiamo al problema, piú complesso ma piú interessante, dei giudizi morali emessi non nei confronti di individui, ma di eventi, istituzioni o ordinamenti politici del passato. Sono questi i giudizi che importano allo storico: e coloro che insistono con tanto fervore sulla condanna morale di questo o quell'individuo, talvolta forniscono inconsapevolmente un alibi a gruppi e società intere. Lo storico francese Lefebvre, nel tentativo di scagionare la Rivoluzione francese dalla responsabilità dei disastri e dei massacri delle guerre napoleoniche, attribuí queste ultime « alla dittatura di un generale... il cui temperamento... riusciva difficilmente a placarsi nella pace e nella moderazione »[1]. Oggi, i tedeschi vedono con favore le accuse alla malvagità individuale di Hitler, in quanto forniscono un'alternativa soddisfacente al giudizio morale dello storico nei confronti della società che lo generò. Russi, inglesi e americani aderiscono prontamente agli attacchi personali a Stalin, Neville Chamberlain o McCarthy, in quanto essi rappresentano capri espiatori delle proprie colpe collettive. Inoltre, i giudizi morali positivi sugli individui possono essere altrettanto deformanti e errati dei giudizi morali negativi. Ci si è sempre serviti del fatto che alcuni proprietari di schiavi fossero individui di elevato sentire, per giustificare la mancata condanna dell'immoralità della schiavitú. Max Weber allude alla « silenziosa schiavitú in cui il capitalismo irretisce l'operaio o il debitore », e conclude giustamente che lo storico ha il dovere di emettere un giudizio morale sull'istituzione ma non sugli individui che l'hanno creata[2]. Lo storico non emette sentenze nei confronti del singolo despota orientale: ma non può mantenere un atteggiamento indifferente e neutrale tra il despotismo orientale e, mettiamo, le istituzioni ateniesi dell'età di Pericle. Egli non giudicherà il singolo proprietario di schiavi, ma ciò non gli impedirà di condannare una società fondata sulla schiavitú. Come abbiamo visto, i fatti storici presuppongono un certo grado d'interpreta-

[1] « Peuples et Civilisations », vol. XIV: *Napoléon*, p. 58.
[2] Citato in *From Max Weber: Essays in Sociology*, 1947, p. 58.

zione, e le interpretazioni storiche implicano sempre un giudizio morale – o, se preferite un termine dall'apparenza piú neutra, dei giudizi di valore.

Con questo, tuttavia, siamo soltanto all'inizio delle nostre difficoltà. La storia è un susseguirsi di lotte mediante le quali alcuni gruppi ottengono dei risultati (lasciamo andare se buoni o cattivi) direttamente o indirettamente, e piú spesso indirettamente a spese di altri gruppi. Chi perde paga. Nella storia, la sofferenza è di casa. Ogni grande periodo storico ha, accanto alle vittorie, le sue perdite. Si tratta di un problema quanto mai complesso, in quanto non disponiamo di un criterio che ci dia il modo di equilibrare il maggior bene di alcuni con i sacrifici degli altri: eppure dobbiamo servirci di una bilancia del genere. Non si tratta di un problema esclusivamente storico. Nella vita di tutti i giorni siamo messi, piú spesso di quanto non vogliamo ammettere, di fronte alla necessità di scegliere il male minore, o di far del male perché possa verificarsi il bene. Nella storia il problema va talvolta sotto il nome di «costo del progresso» o di «prezzo della rivoluzione». Ma si tratta di espressioni ingannevoli. Come dice Bacone nel saggio *On Innovations*, «protrarre una consuetudine al di là del lecito comporta altrettanti sommovimenti quanto l'introdurre un'innovazione». Il costo della conservazione ricade sulle spalle dei non privilegiati nella stessa misura in cui il costo delle innovazioni ricade sulle spalle di coloro che sono spogliati dei propri privilegi. La tesi secondo cui il bene di alcuni giustifica le sofferenze degli altri è implicita in ogni governo, ed è una dottrina tanto conservatrice che rivoluzionaria. Il dottor Johnson invocò vigorosamente l'argomento del minor male per giustificare il mantenimento delle ineguaglianze esistenti:

«È meglio che alcuni siano infelici anziché nessuno sia felice, come avverrebbe in uno stato generale di eguaglianza»[1].

[1] J. BOSWELL, *Life of Doctor Johnson*, A. D. 1776 (Everyman, II, 20). Qui c'è, se non altro, della sincerità; J. BURCKHARDT (*Judgements on History and Historians*, trad. ingl., p. 85) sparge lacrime sui «lamenti soffocati» delle vittime del progresso, «che, di regola, avevano voluto semplicemente *parta tueri*», ma a sua volta tace sui lamenti delle vittime dell'*Ancien Régime*, che, di regola, non avevano nulla da salvare.

Ma il problema si manifesta nella sua forma piú drammatica nei periodi di radicale trasformazione della società: ed è di fronte ad essi che è piú facile analizzare l'atteggiamento dello storico al riguardo.

Prendiamo le vicende dell'industrializzazione dell'Inghilterra, per esempio tra il 1780 circa e il 1870. Di fatto, ogni storico giudicherà, probabilmente senza avanzare obiezioni, la rivoluzione industriale un fenomeno grandiosamente progressivo. Inoltre, descriverà i contadini cacciati dalla terra, gli operai ammassati in fabbriche malsane e in abitazioni antiigieniche, i fanciulli sfruttati. Probabilmente affermerà che nel funzionamento del sistema si verificarono degli abusi, e che alcuni datori di lavoro erano piú spietati di altri, per soffermarsi poi con una certa unzione sul graduale sviluppo di una coscienza umanitaria allorché il sistema si fu consolidato. Ma egli presupporrà, anche qui senza affermarlo esplicitamente, che le misure di coercizione e di sfruttamento erano, almeno in un primo periodo, parte integrante dei costi dell'industrializzazione. Non ho mai incontrato uno storico che affermasse che, dato il costo, sarebbe stato meglio frenare il progresso e evitare l'industrializzazione; se un tale storico esiste, appartiene certamente alla scuola di Chesterton e Belloc, e molto giustamente non verrà preso sul serio dagli storici seri. Questo esempio mi interessa particolarmente, giacché spero di poter presto affrontare nella mia storia della Russia sovietica il problema della collettivizzazione dei contadini in quanto parte dei costi dell'industrializzazione; e mi rendo perfettamente conto che se, sull'esempio degli storici della rivoluzione industriale inglese, deplorerò le brutalità e gli abusi dell'industrializzazione ma considererò tutto ciò parte integrante dei costi di un'auspicabile e necessaria politica di industrializzazione, verrò accusato di cinismo e di indulgenza nei confronti di fatti mostruosi. Gli storici assolvono la colonizzazione dell'Asia e dell'Africa compiuta nell'Ottocento dalle nazioni occidentali, non solo sulla base dei suoi effetti immediati sulla economia mondiale, ma anche delle conseguenze a lungo termine che essa provocò sulle popolazioni arretrate di quei continenti. Dopo tutto, si dice, l'India moderna è figlia della dominazione inglese, e la Cina moderna è il prodotto dell'imperialismo occidentale dell'Ottocento, unito all'influsso della Rivoluzione russa. Disgraziatamente, non sono stati gli operai cinesi che lavoravano nelle fabbriche di proprietà degli occidentali nei porti convenzionati, o nelle miniere sudafricane, o sul fronte occidentale nella prima guerra mondiale, a sopravvivere per godere la gloria o i vantaggi, qualunque essi siano, portati dalla Rivoluzione cinese. È raro che a raccogliere i frutti siano gli stessi che hanno pagato il prezzo necessario. A questo proposito vale, ahimè, il celebre e sanguinoso passo di Engels:

« La storia è forse la piú crudele di tutte le divinità, e conduce il suo carro trionfale su cumuli di cadaveri; e ciò non solo in guerra, ma anche durante il "pacifico" sviluppo economico. E noi, uomini e donne, siamo purtroppo cosí sciocchi da non aver mai il coraggio di introdurre un progresso reale se non vi siamo spinti da sofferenze che ci sembrano quasi insopportabili »[1].

Il famoso gesto di sfida di Ivan Karamazov è un eroico errore. Siamo nati nella società, siamo nati nella storia. In nessun momento ci viene offerto un biglietto di entrata con la facoltà di accettarlo o di rifiutarlo. Lo storico non può dare una risposta soddisfacente al problema della sofferenza, piú di quanto non possa farlo il teologo. Anch'egli ricade nella tesi del male minore e del bene maggiore.

Ma il fatto che lo storico, a differenza dello scienziato, sia coinvolto dalla natura dell'oggetto della sua ricerca in questi problemi di giudizio morale, implica forse l'assoggettamento della storia a un criterio di valore sovrastorico? A mio parere, no. Supponiamo che concetti astratti come « bene » e « male », e i loro sviluppi piú complessi, giacciano al di là dei confini della storia. Anche in questo caso, tali astrazioni hanno, nello studio della moralità storica, la stessa funzione delle formule logiche e matematiche nella fisica. Sono categorie indispensabili del pensiero: ma finché non le riempiamo di un contenuto specifico

[1] Lettera del 24 febbraio 1893 a Daniel'son, in *Karl Marx and Friedrich Engels: Correspondence 1846-1895*, 1934, p. 510.

esse sono prive di significato e di realtà. Se preferite un'immagine diversa, i precetti morali che applichiamo nella storia o nella vita di tutti i giorni sono come assegni bancari, composti da una parte scritta e da una parte stampata. La parte stampata consiste di parole astratte come libertà e eguaglianza, giustizia e democrazia. Si tratta di categorie fondamentali: ma l'assegno è senza valore finché non avremo riempito l'altra parte, che stabilisce quanta libertà ci proponiamo di concedere e a chi, chi riconosciamo come eguali e in qual misura. Il modo in cui volta a volta riempiamo l'assegno è un dato storico. Il processo per cui determinati concetti morali astratti si riempiono di un contenuto storico specifico, è un processo storico; in realtà, noi formuliamo i nostri giudizi morali in un quadro concettuale che ha a sua volta un'origine storica. Nel nostro tempo, le controversie internazionali in materia di moralità prendono generalmente l'aspetto di contese sulla libertà e la democrazia. Tali concetti sono universali e astratti: ma il loro contenuto è mutato nel corso della storia, da periodo a periodo e da luogo a luogo, e il problema pratico della loro applicazione può essere compreso e discusso unicamente in termini storici. Per prendere un esempio un po' meno ovvio: si è fatto il tentativo di usare il concetto di «razionalità economica» come criterio oggettivo e neutro per valutare e giudicare l'auspicabilità o meno di una politica economica. Ma è un tentativo destinato a fallire immediatamente. I teorici assuefatti alle leggi dell'economia classica condannano in linea di principio la pianificazione come un'intrusione irrazionale nei processi economici razionali: ad esempio, i pianificatori rifiutano di vincolare la loro politica dei prezzi alla legge della domanda e dell'offerta, e in un'economia pianificata i prezzi non possono avere una base razionale. Può darsi, naturalmente, che i pianificatori agiscano spesso irrazionalmente, e pertanto stupidamente. Ma essi non devono essere giudicati in base alla vecchia «razionalità economica» dell'economia classica. Per quanto mi riguarda, mi sento piú vicino all'argomentazione opposta, secondo cui era l'incontrollata e disorganizzata economia del *laissez-faire* ad essere fondamentalmente irrazionale, mentre la pianificazione è un tentativo di introdurre nel processo la « razionalità economica ». Ma ciò che mi preme in questo momento è soltanto di sottolineare l'impossibilità di erigere un criterio astratto e sovrastorico in base al quale sia possibile giudicare le azioni storiche. Inevitabilmente, entrambe le parti in causa leggono in tale criterio il contenuto specifico confacentesi alle loro condizioni e aspirazioni storiche.

Questo è il vero capo d'accusa nei confronti di coloro che cercano di erigere un criterio sovrastorico in base al quale emettere giudizi sugli eventi e le situazioni storiche – sia che tale criterio derivi da una qualche autorità divina postulata dai teologi, o da una Ragione statica o dalla Natura postulate dai filosofi illuministi. Non che nell'applicazione del criterio di valutazione si verifichino errori, o che vi siano difetti nel criterio stesso. È il tentativo di erigere un simile criterio che è astorico e contraddice la natura stessa della storia. Esso fornisce una risposta dogmatica alle domande che lo storico tende incessantemente, per vocazione, a porsi: lo storico che accetta risposte anticipate a tali domande, lavora con gli occhi bendati e tradisce la sua vocazione. La storia è movimento, e il movimento implica un confronto. È questo il motivo per cui gli storici tendono a esprimere i loro giudizi morali in termini di carattere comparativo, come « progressivo » e « reazionario », anziché in termini rigidamente assoluti come « buono » e « cattivo »: si tratta di tentativi di definire società o fenomeni storici diversi, non già in rapporto a un qualche criterio assoluto, ma nel loro rapporto reciproco. Inoltre, allorché esaminiamo questi valori sedicenti assoluti ed extrastorici, ci accorgiamo che anch'essi sono, di fatto, radicati nella storia. L'emergere di un particolare valore o ideale in un periodo o in un luogo dato, si spiega con le condizioni storiche del tempo e del luogo. Il contenuto pratico di ipotetici assoluti come eguaglianza, libertà, giustizia, o legge naturale, varia da periodo a periodo e da continente a continente. Ogni gruppo ha i suoi propri valori, radicati nella storia. Ogni gruppo si protegge dall'intrusione di valori estranei o inopportuni, che bolla di epiteti obbrobriosi, come « borghese » e « capitalista », o « antidemocratico » e « totalitario », o, ancor peggio, « antinglese » e « antiamericano ». L'esistenza di criteri o valori astratti, scissi dalla società e dalla storia, è un'illusione paragonabile a quella dell'esistenza di un individuo astratto. Lo storico serio è colui che riconosce il carattere storicamente condizionato di ogni valore, non già colui che pretende per i propri valori un'oggettività extrastorica. Le nostre credenze e i nostri criteri di giudizio sono parte della storia, e sono oggetto di indagine storica né piú né meno degli altri aspetti del comportamento umano. Poche scienze, oggi – e meno di tutte le scienze sociali – ambiscono a un'assoluta indipendenza. Ma la storia non è per essenza dipendente da qualcosa al di fuori di sé – il che la renderebbe diversa da tutte le altre scienze.

Riassumo ciò che ho cercato di dire sulla pretesa della storia di essere compresa nel novero delle scienze. La parola « scienza » si applica già a cosí diverse branche del conoscere, che si servono di metodi e di tecniche cosí diverse, che l'onere della dimostrazione sembra toccare piuttosto a coloro che cercano di negare alla storia un posto tra le scienze che a coloro che cercano di includerla tra queste. È degno di nota il fatto che gli argomenti per l'esclusione provengono non da scienziati ansiosi di escludere gli storici dalla loro eletta compagnia, ma da storici e filosofi ansiosi di rivendicare la posizione della storia in quanto branca delle umane lettere. Tale discussione riflette il pregiudizio dell'antica separazione tra scienza e discipline umanistiche, per cui si pensava che queste ultime fornissero l'ampia cultura necessaria alla classe dominante, mentre la scienza insegnava il mestiere ai tecnici subalterni. Gli stessi termini « discipline umanistiche » e « umane » sono, in questo contesto, una sopravvivenza di questo venerando pregiudizio; e il fatto che l'antitesi tra scienza e storia non si regga in nessuna lingua che non sia l'inglese, lascia intravedere il carattere tipicamente insulare di questo pregiudizio. La mia obiezione fondamentale al rifiuto di chiamare « scienza » la storia, è che esso giustifica e perpetua la frattura tra le cosiddette « due culture ». La frattura stessa è un prodotto di quest'antico pregiudizio, fondato su una struttura di classe della società inglese che appartiene anch'essa al passato; e anch'io non credo che l'abisso che separa lo storico dal geologo sia piú profondo o piú invalicabile dell'abisso che separa il geologo dal fisico. Ma non credo che la frattura si possa colmare insegnando agli storici i rudimenti della scienza o agli scienziati i rudimenti della storia. Questo è un vicolo cieco in cui ci ha condotto un'impostazione confusa del problema. Dopo tutto, gli stessi scienziati non agiscono in questo modo. Non ho mai sentito consigliare agli ingegneri di frequentare le prime lezioni dei corsi di botanica.

L'unico rimedio che vorrei proporre è quello di migliorare il livello degli studi storici, rendendoli, starei per dire, piú scientifici, assumendo un atteggiamento piú esigente verso coloro che li praticano. In questa università l'insegnamento della storia è considerato talvolta come una scappatoia per coloro che trovano la filologia classica troppo difficile e la scienza troppo austera. L'unica impressione che spero di comunicare con queste lezioni è che la storia è una materia di gran lunga piú difficile della filologia classica, e non meno austera di qualsiasi scienza. Ma questo rimedio comporterebbe per gli storici stessi una fede piú fervida nel loro lavoro. In una recente conferenza su questo tema, sir Charles Snow ha avuto partita vinta nel contrapporre l'« impetuoso » ottimismo degli scienziati alla « voce sommessa » e alla « sensibilità antisociale » di coloro ch'egli ha definito « letterati »[1]. Alcuni storici – soprattutto alcuni di coloro che scrivono di storia senza essere storici – appartengono a questa categoria di « letterati ». È gente cosí affaccendata a dirci che la storia non è una scienza, e a spiegarci che cosa essa non può essere, non dovrebbe essere, non dovrebbe fare, da non aver tempo per occuparsi delle mete raggiunte e delle prospettive aperte.

L'altro modo di sanare la frattura è di promuovere una

[1] C. P. SNOW, *The Two Cultures and the Scientific Revolution*, 1959, pp. 4-8.

conoscenza piú profonda dell'identità di scopi esistenti tra scienziati e storici: e questo è l'aspetto piú positivo del nuovo e sempre crescente interesse per la storia e la filosofia della scienza. Gli scienziati, gli studiosi di scienze sociali e gli storici lavorano tutti, in branche diverse, nella stessa direzione: lo studio dell'uomo e dell'ambiente che lo circonda, lo studio dell'azione dell'uomo sull'ambiente e dell'ambiente sull'uomo. L'oggetto della ricerca è identico per tutti: accrescere la conoscenza dell'ambiente e la possibilità di dominarlo. I presupposti e i metodi dei fisici, dei geologi, degli psicologi e dello storico differiscono notevolmente tra loro nei particolari, e non intendo sottoscrivere l'affermazione secondo cui lo storico, per raggiungere un maggior grado di scientificità, dovrebbe uniformarsi maggiormente ai metodi della fisica. Tuttavia, lo storico e il fisico sono uniti dallo scopo fondamentale di cercare spiegazioni, e dal metodo fondamentale basato sulla domanda e risposta. Come qualsiasi scienziato, lo storico è un animale che si chiede continuamente: « Perché? » Nella prossima lezione esaminerò in qual modo egli si ponga questa domanda e come cerchi di rispondervi.

Lezione quarta

La causalità storica

Se si mette del latte a bollire in una casseruola, trabocca. Non so perché succeda, e non ho mai desiderato saperlo; se qualcuno mi mettesse alle strette, probabilmente attribuirei il fatto a una disposizione del latte a traboccare, il che è abbastanza vero ma non spiega un bel niente. Ma in definitiva io non sono uno scienziato. Allo stesso modo, si possono leggere, o anche scrivere, narrazioni sugli avvenimenti del passato senza desiderare di sapere perché essi si verificarono, o limitarsi a dire che la seconda guerra mondiale scoppiò perché Hitler voleva la guerra, il che è abbastanza vero ma non spiega un bel niente. Ma allora non bisognerebbe commettere l'errore di definirsi studenti di storia o storici. Studiare la storia vuol dire studiarne le cause. Come ho detto alla fine della scorsa lezione, lo storico si pone continuamente la domanda: « Perché? » e non sa placarsi finché spera di giungere a una risposta. Il grande storico – o forse dovrei dire piú genericamente il grande pensatore – è un uomo che risponde alla domanda « Perché? » in connessione a problemi e a contesti nuovi.

Erodoto, il padre della storia, all'inizio della sua opera definí cosí il suo intento: preservare la memoria delle gesta dei greci e dei barbari, « e in particolare, e soprattutto, rintracciare la causa della loro lotta ». Nel mondo antico egli ebbe scarsi discepoli: anche Tucidide è stato accusato di non avere un concetto chiaro del problema delle cause [1]. Ma quando nel Settecento si cominciarono a gettare le basi della storiografia moderna, Montesquieu, nelle sue

[1] F. M. CORNFORD, *Thucydides Mythistoricus*, *passim*.

Considérations sur les causes de la grandeur des Romains et de leur décadence, partí dal principio che « esistono cause generali, morali o naturali, che agiscono all'interno di ogni monarchia, e ne provocano l'ascesa, la conservazione o la rovina », e che « tutto ciò che avviene è soggetto a queste cause ». Pochi anni dopo, nell'*Esprit des lois*, egli sviluppò e generalizzò quest'idea. Era assurdo supporre che « tutto ciò che vediamo nel mondo sia stato prodotto dal cieco fato ». Gli uomini non erano « governati unicamente dalle loro fantasie »; il loro comportamento obbediva a determinate leggi o principî derivati dalla « natura delle cose »[1]. Nei due secoli successivi gli storici e i filosofi della storia tentarono di organizzare la passata esperienza dell'umanità mediante la scoperta delle cause degli avvenimenti storici e delle leggi che li governavano. Talvolta si supposero cause e leggi di ordine meccanico, talaltra di ordine biologico, o metafisico, o economico, o psicologico. Tuttavia, era unanimemente riconosciuto che la storia consiste nel dominio degli avvenimenti del passato inquadrati in una connessione coerente di cause e effetti. « Se non avete altro da dirci – scrisse Voltaire nella voce "storia" dell'*Encyclopédie* – tranne che un barbaro successe a un altro barbaro sulle rive dell'Oxo e del Jaxartes, che cosa c'importa di tutto ciò? » Negli ultimi anni questo quadro ha subito alcune modificazioni. Oggi, per i motivi discussi nell'ultima lezione, non parliamo piú di « leggi » storiche, e anche la parola « causa » è passata di moda, in parte per alcune ambiguità sulle quali non c'è bisogno di soffermarsi, e in parte per la sua presunta connessione, di cui mi occuperò subito, con le concezioni deterministiche. Pertanto, alcuni in riferimento alla storia non parlano di « cause », ma di « spiegazioni », « interpretazioni », « logica della situazione », « logica interna degli avvenimenti » (espressione, questa, tratta da Dicey), ovvero sostituiscono l'impostazione causale (perché una data cosa accadde) con l'impostazione funzionale (come una data cosa accadde), quantunque tale sostituzione sembri inevitabilmente implicare la domanda: « come poté accadere? », ripropo-

[1] *De l'esprit des lois*, prefazione e cap. I.

nendo l'altra domanda: « Perché? » Altri distinguono diversi tipi di cause – meccaniche, biologiche, psicologiche e cosí via – e considerano le cause storiche una categoria a sé. Quantunque alcune di queste distinzioni siano in qualche misura valide, sarà piú opportuno per i nostri scopi sottolineare gli elementi comuni a tutti questi tipi di cause, anziché gli elementi distintivi di ciascuna di esse. Per quanto mi riguarda, mi accontenterò di usare la parola « causa » nel senso piú ovvio, senza tener conto di queste sottili distinzioni.

Cominciamo col chiederci come agisce in pratica lo storico messo di fronte alla necessità di determinare le cause di un avvenimento. Ciò che caratterizza anzitutto l'atteggiamento dello storico verso il problema della causa, è generalmente il fatto di attribuire piú di una causa allo stesso avvenimento. Una volta l'economista Marshall scrisse che « bisognerebbe assolutamente mettere in guardia la gente dal prendere in considerazione un'unica causa... senza tener conto delle altre, che mescolano i loro effetti alla prima » [1]. Lo studente che a un esame rispondesse alla domanda « Perché nel 1917 scoppiò in Russia la Rivoluzione? » citando un'unica causa, potrebbe tutt'al piú arrivare a strappare la sufficienza. Lo storico ha a che fare con un gran numero di cause. Se gli si chiedesse di elencare le cause della Rivoluzione bolscevica, potrebbe citare le continue sconfitte militari russe, il crollo dell'economia russa sotto il peso della guerra, l'incisiva propaganda dei bolscevichi, il fallimento del tentativo del governo zarista di risolvere il problema agrario, la concentrazione nelle fabbriche di Pietrogrado di un proletariato immiserito e sfruttato, il fatto che Lenin, a differenza di tutti i suoi avversari, sapeva cosa voleva – in breve, un miscuglio di cause economiche, politiche, ideologiche e individuali, di cause a lungo e a breve termine.

Ma questo ci pone subito di fronte alla seconda caratteristica dell'atteggiamento dello storico. L'esaminando che, nel rispondere alla nostra domanda, si limitasse a elencare una dopo l'altra una dozzina di cause della Rivoluzione

[1] *Memorials of Alfred Marshall*, a cura di A. C. Pigou, 1925, p. 428.

russa, senza aggiungere altro, potrebbe aspirare a un buon voto, ma difficilmente ad un voto ottimo: il giudizio degli esaminatori sarebbe probabilmente questo: « preparazione diligente, ma scarsa capacità di penetrazione ». Un vero storico, messo di fronte a questo elenco di cause, da lui stesso preparato, proverà una sorta di coazione professionale a introdurre un ordine, a porre una gerarchia tra le varie cause stabilendo i rapporti che le legano, e decretando eventualmente quale causa, o quale tipo di cause debba essere considerata « in ultima istanza » o « in ultima analisi » (espressioni predilette dagli storici) la causa decisiva, la causa delle cause. Questa è l'interpretazione che egli dà dell'oggetto della ricerca: uno storico è noto per le cause a cui si richiama. Gibbon attribuí il declino e la caduta dell'impero romano al trionfo della barbarie e della religione. Gli storici inglesi dell'Ottocento di tendenza whig attribuirono il sorgere della potenza e della prosperità britannica allo sviluppo delle istituzioni politiche incarnanti i principî della libertà costituzionale. Gibbon e gli storici inglesi dell'Ottocento ci sembrano oggi fuor di moda perché ignoravano le cause economiche che gli storici moderni hanno posto in primo piano. Ogni discussione storica ruota attorno al problema della priorità delle cause.

Henri Poincaré, nel libro che abbiamo citato nella scorsa lezione, osservò che la scienza si muoveva contemporaneamente « verso la varietà e la complessità » e « verso l'unificazione e la semplificazione », e che questo duplice e apparentemente contraddittorio processo era una condizione indispensabile della conoscenza [1]. Ciò vale anche per la storia. Lo storico, con l'ampliarsi e l'approfondirsi della ricerca, accumula continuamente nuove risposte alla domanda « Perché? » La proliferazione, avvenuta negli ultimi anni, della storia economica, sociale, culturale e giuridica – per non dire dei nuovi punti di vista relativi agli aspetti piú complessi della storia politica, e delle nuove tecniche della psicologia e della statistica – hanno straordinariamente aumentato il numero e la portata delle nostre risposte. Allorché Bertrand Russell osservò che « ogni

[1] H. POINCARÉ, *La science et l'hypothèse*, 1902, pp. 202-3.

progresso scientifico ci porta sempre piú lontano dalle apparenti uniformità riscontrate in un primo tempo, verso una maggiore differenziazione degli antecedenti e conseguenti e verso un ambito sempre piú largo di antecedenti significativi »[1], descrisse con esattezza la situazione dello storico. Ma questi, per il suo impulso a comprendere il passato, è costretto anche, al pari dello scienziato, a semplificare le molteplici risposte ottenute, subordinando le une alle altre, e portando un po' d'ordine e di unità nel caos degli avvenimenti e delle cause particolari. « Un Dio, una Legge, un elemento | e un irraggiungibile, divino evento », o il desiderio formulato da Henry Adams di « qualche grande generalizzazione che porrebbe fine alla rumorosa pretesa di giungere alla cultura »[2] – tutto ciò ci sembra, oggi, quasi uno scherzo fuori moda. Ma rimane il fatto che il compito dello storico consiste tanto nel semplificare che nel moltiplicare le cause. Analogamente alla scienza, la storia progredisce mediante questo duplice, e a prima vista contraddittorio processo.

A questo punto devo occuparmi, sia pure a malincuore, di due grossi pseudoproblemi che ci sbarrano il cammino. L'etichetta del primo potrebbe essere: « Il determinismo storico, ovvero la malvagità di Hegel », e quella del secondo: « Il caso nella storia, ovvero il naso di Cleopatra ». Anzitutto, devo spiegarne in due parole l'origine. Il professor Karl Popper, che verso il 1930 scrisse a Vienna un ponderoso libro sulla nuova concezione della scienza, tradotto recentemente in inglese col titolo *The Logic of Scientific Enquiry*, pubblicò in Inghilterra durante la guerra due libri di carattere meno esoterico: *The Open Society and Its Enemies* e *The Poverty of Historicism*[3]. Si trattava di libri scritti nell'acceso clima delle critiche a Hegel, considerato insieme a Platone l'antenato spirituale del nazismo, e al marxismo abbastanza vacuo che caratterizzava la cultura di sinistra inglese nel decennio 1930-40. I bersa-

[1] B. RUSSELL, *Mysticism and Logic*, 1918, p. 188.
[2] *The Education of Henry Adams*, Boston 1928, p. 224.
[3] *The Poverty of Historicism* apparve per la prima volta in volume nel 1957 [ma la traduzione italiana è del 1954]; gli articoli che lo compongono furono pubblicati originariamente nel 1944 e 1945.

gli principali erano le filosofie della storia di Hegel e di Marx, qualificate come deterministe, e riunite nella categoria ignominiosa di « storicismo »[1]. Nel 1954 sir Isaiah Berlin pubblicò un saggio intitolato *Historical Inevitability*, in cui si evitava di polemizzare con Platone, forse per un residuo senso di rispetto verso uno degli antichi capisaldi della tradizione oxoniense[2], ma si aggiungeva un nuovo capo d'accusa, assente nelle requisitorie di Popper, e cioè che lo « storicismo » di Hegel e Marx va rifiutato in quanto, spiegando le azioni umane in termini di causa ed effetto, nega implicitamente il libero arbitrio dell'uomo e induce gli storici a sottrarsi al presunto dovere cui accennai nella lezione scorsa, di emettere condanne morali nei confronti dei Carlo Magno, dei Napoleone e degli Stalin che costellano le pagine della storia. Per il resto, le argomentazioni di Berlin non erano troppo diverse da quelle di Popper. Ma i libri di sir Isaiah sono, com'è giusto, diffusi e largamente letti. Negli ultimi cinque o sei anni quasi tutti coloro che in Inghilterra o negli Stati Uniti hanno scritto saggi di metodologia storica, o magari recensioni impegnative di libri di storia, non si sono lasciati sfuggire un saputo gesto di scherno nei confronti di Hegel, di Marx

[1] Ho evitato di servirmi del termine « storicismo » (*historicism*) tranne in un paio di casi in cui il rigore terminologico non era indispensabile: il fatto è che i ben noti scritti del professor Popper su questo argomento hanno tolto al termine qualsiasi significato. Ridefinire di continuo i termini di cui ci si serve è mera pedanteria: tuttavia bisogna sempre sapere di che cosa si sta parlando, e il professor Popper si serve del termine « storicismo » come di un epiteto, buono a tutti gli usi, per ogni opinione sulla storia che non approva, ivi comprese alcune che mi sembrano degne di rispetto, e altre che, a mio parere, nessuno storico serio si sogna piú di condividere. Egli stesso ammette (*The Poverty of Historicism*, p. 3) di inventare argomenti « storicisti » che non sono mai stati usati da nessuno « storicista » esistito. In *The Open Society*, Hegel, che rifuggí da ogni forma di previsione, è presentato come il gran sacerdote dello storicismo; nell'introduzione a *The Poverty of Historicism*, lo storicismo è definito « la concezione delle scienze sociali che considera scopo fondamentale di queste la *previsione storica* ». Finora « storicismo » (*historicism*) era stato usato comunemente come sinonimo dello *Historismus* tedesco: ora il professor Popper distingue tra « storicismo » (*historicism*) e « istorismo » (*historism*) complicando ulteriormente l'uso già confuso del termine. M. C. D'ARCY, *The Sense of History: Secular and Sacred*, 1959, p. 11, usa la parola « storicismo » come « equivalente a filosofia della storia ».

[2] Il primo attacco a Platone come progenitore del fascismo fu lanciato, tuttavia, da un discepolo di Oxford, R. H. CROSSMAN, nel corso di una serie di trasmissioni radiofoniche (*Plato Today*, 1937).

e del determinismo, sottolineando l'assurdità di non riconoscere l'importanza del caso nella storia. Forse, non è corretto addossare a sir Isaiah le colpe dei suoi seguaci. Anche quando dice sciocchezze, egli le dice in modo cosí attraente e invogliante da strappare la nostra indulgenza. I suoi seguaci ripetono le sciocchezze, senza riuscire a essere attraenti. In ogni caso, in tutte queste argomentazioni non c'è nulla di nuovo. Charles Kingsley, che non fu certo il piú notevole tra i professori di storia moderna succedutisi su questa cattedra, e che probabilmente non aveva mai letto Hegel e non aveva mai sentito parlare di Marx, accennò, nella sua prolusione del 1860, al « misterioso potere dell'uomo di infrangere le leggi del proprio essere », potere che proverebbe che nella storia non esistono « processi inevitabili »[1]. Kingsley è, per nostra fortuna, dimenticato. Sono stati gli sforzi congiunti del professor Popper e di sir Isaiah Berlin a dare una parvenza di vita a questo problema morto e stramorto; ci vorrà un po' di pazienza per sgombrare il terreno da tutta questa confusione.

Cominciamo con l'occuparci del determinismo, che definirò – e spero che la definizione sia pacifica – la convinzione che tutto ciò che accade ha una o piú cause, e avrebbe potuto accadere in modo diverso soltanto se la causa o le cause fossero state diverse[2]. Il determinismo è un problema che non riguarda soltanto la storia, bensí ogni azione umana. Supporre un essere umano le cui azioni siano prive di causa e pertanto non determinate, è un'astrazione analoga a quella, su cui ci soffermammo in una delle scorse lezioni, dell'individuo concepito al di fuori della società. L'affermazione del professor Popper secondo cui « nel-

[1] C. KINGSLEY, *The Limits of Exact Science as Applied to History*, 1860, p. 22.

[2] « Determinismo... significa... che se le condizioni sono quelle che sono, tutto ciò che accade accade necessariamente, e non potrebbe essere altrimenti. Affermare che le cose avrebbero potuto andare in un altro modo, significa semplicemente che esse si sarebbero verificate se le condizioni fossero state diverse » (S. ALEXANDER, in *Essays Presented to Ernst Cassirer*, 1936, p. 18).

le azioni umane tutto è possibile»[1] è o assurda o falsa. Nella vita d'ogni giorno nessuno pensa questo, né potrebbe farlo. L'assioma che tutto ha una causa è una delle condizioni che ci consentono di comprendere ciò che avviene attorno a noi[2]. L'aspetto di incubo dei romanzi di Kafka consiste nel fatto che in essi ogni evento è apparentemente senza causa, o per lo meno, se una causa c'è, è impossibile scorgerla: ciò porta a una totale disintegrazione della personalità umana, che si fonda sulla supposizione che ogni evento ha una causa, e che è possibile accertare un numero di queste cause tale da dar luogo a un'immagine del passato e del presente abbastanza coerente da servire da guida all'azione. La vita d'ogni giorno sarebbe impossibile se non supponessimo che le azioni umane sono determinate da cause accertabili, almeno in teoria. Molto tempo fa alcuni individui giudicavano blasfemo indagare le cause dei fenomeni naturali, dal momento che questi erano evidentemente governati dalla volontà divina. L'obiezione di sir Isaiah Berlin alle nostre spiegazioni dei motivi delle azioni umane, obiezione fondata sul fatto che tali azioni sarebbero governate dalla volontà umana, appartiene allo stesso ordine di idee, e forse è un indizio che oggi le scienze sociali si trovano in una fase di sviluppo corrispondente a quella in cui si trovavano le scienze della natura, allorché si trovarono a dover rispondere a questo tipo di obiezioni.

Vediamo un po' come risolviamo questo problema nella vita di ogni giorno. Andando in giro per le vostre faccende, siete soliti incontrare Smith. Lo salutate facendo un'amichevole, innocente osservazione sul tempo, o sulla situazione del college o dell'università; e Smith risponde con un'osservazione altrettanto amichevole e innocente sul tempo o sul lavoro. Ma supponiamo che una mattina Smith, invece di rispondere nel solito modo alle vostre os-

[1] K. POPPER, *The Open Society*, 2ª ed., 1952, II, 197.

[2] «Non è che il mondo circostante ci imponga la legge di causalità»; tuttavia essa «è forse il modo migliore per adattare noi stessi al mondo» (J. RUEFF, *From the Physical to the Social Sciences*, Baltimore 1929, p. 52); perfino il professor Popper (*The Logic of Scientific Enquiry*, p. 248) definisce il concetto di causa «ipostatizzazione metafisica di una regola metodologica ben giustificata».

servazioni, si lanci in un violento attacco contro il vostro aspetto o il vostro carattere. Alzereste le spalle e vedreste in questo comportamento una dimostrazione convincente del libero arbitrio di Smith e del fatto che nelle azioni umane tutto è possibile? Credo proprio di no. Al contrario, direste probabilmente frasi come queste: « Povero Smith! Naturalmente saprete che suo padre morí in manicomio », oppure: « Povero Smith, deve avere piú fastidi del solito con sua moglie ». In altre parole, cerchereste di diagnosticare il motivo del comportamento apparentemente immotivato di Smith, nel fermo convincimento che qualche motivo debba pur averlo. Temo che nel far cosí incappereste nelle ire di sir Isaiah Berlin, che vi criticherebbe aspramente perché, fornendo una spiegazione in termini di causa e effetto del comportamento di Smith, sareste caduti nella trappola delle ipotesi deterministiche di Hegel e Marx, sottraendovi al dovere di dichiarare pubblicamente che Smith è un maleducato. Ma nella vita di ogni giorno nessuno assume questo atteggiamento, o suppone che il determinismo e la responsabilità morale si escludano a vicenda. L'antitesi libero arbitrio - determinismo nella vita reale non sussiste. Non è che alcune azioni umane siano libere e altre determinate: tutte le azioni umane sono ad un tempo libere e determinate, a seconda del punto di vista da cui le guardiamo. Sul piano pratico il problema è ancora diverso. Il comportamento di Smith aveva una o piú cause; ma nella misura in cui era determinato non da qualche costrizione esterna, ma dalle tendenze del suo io, Smith era moralmente responsabile, dal momento che una delle condizioni della vita associata è che un adulto in condizioni normali è moralmente responsabile delle tendenze del proprio io. Se poi in questo caso particolare Smith debba essere considerato responsabile o no, è un problema non piú teorico, ma pratico. Ma anche se la risposta dovesse essere positiva, ciò non vorrebbe dire che considerate del tutto immotivato il comportamento di Smith: la causalità e la responsabilità morale sono, infatti, categorie diverse. Di recente sono stati istituiti in questa università un istituto e una cattedra di criminologia. Sono certo che nessuno di coloro che hanno il compito di indagare le cause dei delitti si sente perciò costretto a negare la responsabilità morale dei criminali.

A questo punto guardiamo cosa fa lo storico. Anch'egli, come l'uomo comune, crede che le azioni umane siano determinate da cause teoricamente accertabili. La storia sarebbe impossibile, né piú né meno della vita d'ogni giorno, se non partissimo da questo presupposto. Il compito specifico dello storico è di indagare su queste cause. Ciò potrebbe essere inteso nel senso che lo storico abbia uno speciale interesse per l'aspetto non libero, determinato delle azioni umane: ma egli non rifiuta il libero arbitrio – se si prescinde dall'ipotesi insostenibile che le azioni volontarie non abbiano causa. D'altra parte, lo storico non si lascia turbare dal problema dell'inevitabilità. Anche gli storici, come tutti, si servono talvolta di espressioni retoriche e definiscono un certo evento « inevitabile », volendo dire con ciò semplicemente che i fattori che lo rendevano probabile erano eccezionalmente efficaci. Ho riletto di recente la storia della Russia sovietica da me scritta alla ricerca del termine famigerato: in un certo punto scrivevo che, dopo la Rivoluzione del 1917, lo scontro tra i bolscevichi e la chiesa ortodossa era « inevitabile ». Certo, sarebbe stato piú opportuno scrivere « estremamente probabile »: ma spero di non essere biasimato se dico che questa correzione mi pare un po' pedantesca. In pratica, gli storici non suppongono che gli eventi siano inevitabili prima che si siano verificati. Spesso analizzano le alternative che si presentavano ai protagonisti della vicenda, partendo dal presupposto che essi avessero la possibilità di compiere una scelta, anche se poi, molto giustamente, si preoccupano di spiegare perché di fatto si optò per un'alternativa anziché per un'altra. Nella storia non vi è nulla di inevitabile, tranne nel senso puramente formale che, perché le cose si svolgessero in un altro modo, anche le cause avrebbero dovuto essere diverse. In quanto storico, sono pronto a rinunciare a parole come « inevitabile », « necessario » e perfino « ineluttabile »; la vita sarà piú monotona, ma lasciamole pure ai poeti e ai metafisici.

Questo problema dell'inevitabilità appare cosí vuoto e insussistente, e d'altra parte la veemenza con cui esso è stato proposto in questi anni è tale, che mi pare opportuno cercarne le motivazioni nascoste. Temo che la sua origine vada cercata essenzialmente in quell'atteggiamento, piú emotivo che razionale, che potremmo definire « fare la storia con i se ». È un atteggiamento rivolto quasi esclusivamente alla storia contemporanea. Lo scorso trimestre ho visto qui a Cambridge l'annuncio di una conferenza cosí concepito: « La Rivoluzione russa era inevitabile? » Senza dubbio la domanda voleva essere assolutamente seria. Ma se avessimo visto annunciare una conferenza dal titolo « La guerra delle Due Rose era inevitabile? » avremmo subito sospettato uno scherzo. Lo storico parla della conquista normanna o della guerra d'indipendenza americana come se ciò che avvenne avesse dovuto di fatto avvenire, e come se il proprio compito fosse semplicemente di spiegare quello che avvenne e perché: nessuno accusa lo storico di determinismo, né gli muove il rimprovero di non tener conto della possibilità che Guglielmo il Conquistatore o gli insorti americani fossero sconfitti. Tuttavia, allorché parlo della Rivoluzione russa del 1917 esattamente in questo modo – l'unico che si addica allo storico – vengo investito da una serie di critiche per aver descritto implicitamente ciò che avvenne come qualcosa che doveva necessariamente avvenire, e per non aver preso in considerazione tutto ciò che avrebbe potuto avvenire e non avvenne. Qualcuno dice: supponiamo che Stolypin avesse avuto il tempo di condurre a termine la riforma agraria, oppure che la Russia non fosse entrata in guerra, e forse la Rivoluzione non si sarebbe verificata; oppure, supponiamo che il governo Kerenskij avesse retto alla prova, e che la guida della Rivoluzione fosse stata presa dai menscevichi o dai socialisti rivoluzionari anziché dai bolscevichi. Sono tutte ipotesi teoricamente possibili: è sempre possibile baloccarsi con la storia fatta con i « se ». Ma si tratta di ipotesi che non hanno nulla a che fare col determinismo, in quanto il determinista si limiterà a rispondere che, perché le cose andassero cosí, anche le cause avrebbero dovuto essere diverse. Ma queste ipotesi non hanno nulla a che fare neppure con la storia. Il fatto è che oggi nessuno vorrebbe davvero distruggere i risultati della conquista normanna o dell'indipendenza americana, o esprimere un'appassionata protesta contro questi fatti: pertanto, nessuno muove obiezioni allo storico che li esamina come un capitolo ormai chiuso della storia. Ma molta gente che ha direttamente o indirettamente sofferto per i risultati della Rivoluzione sovietica, o che ne teme ancora le conseguenze piú lontane, vuole esprimere la propria protesta al riguardo: e quando legge un libro di storia, lascia che la propria immaginazione corra dietro a tutte le belle cose che avrebbero potuto verificarsi, e s'indigna con lo storico che fa tranquillamente il suo mestiere di spiegare ciò che è avvenuto e il motivo per cui i sogni di questa gente siano rimasti tali. Il pasticcio della storia contemporanea è questo, che la gente si ricorda del tempo in cui tutte le alternative erano ancora aperte, e difficilmente riesce ad assumere l'atteggiamento dello storico per cui ogni alternativa è stata definitivamente bloccata dal fatto compiuto. Si tratta di una reazione meramente emotiva ed extrastorica, che tuttavia ha contribuito quasi da sola ad alimentare la recente campagna contro la sedicente dottrina dell'« inevitabilità storica ». Una volta per tutte, lasciamoci alle spalle questo pseudoproblema.

L'altro motivo della polemica è rappresentato dal famoso problema del naso di Cleopatra. Si tratta della teoria secondo cui la storia sarebbe in sostanza un susseguirsi di accidenti, una serie di eventi determinata da coincidenze casuali, e attribuibili unicamente a cause imprevedibili. Il risultato della battaglia di Azio fu dovuto non già al tipo di cause postulate generalmente dagli storici, bensí all'infatuazione di Antonio per Cleopatra. Allorché Bajazet fu distolto dal marciare verso l'Europa centrale da un attacco di gotta, Gibbon osservò che « un umore maligno che corroda una fibra del corpo di un uomo è in grado di impedire o di posticipare il disastro di una nazione »[1]. Allorché nell'autunno del 1920 re Alessandro di Grecia morí in seguito al morso di una scimmietta, si scatenò una serie di eventi che indusse sir Winston Churchill a osservare che « il morso di questa scimmia provocò la morte di

[1] *Decline and Fall of the Roman Empire*, cap. LXIV.

duecentocinquantamila persone»[1]. Oppure sentiamo come Trockij commenta la febbre, contratta durante una partita di caccia alle anatre, che lo mise fuori gioco in un momento decisivo del suo contrasto con Zinov'ev, Kamenev e Stalin nell'autunno 1923: «È possibile prevedere una rivoluzione o una guerra, ma non le conseguenze di una partita di caccia autunnale alle anatre selvatiche»[2]. Bisogna chiarire anzitutto che questo problema non confuta minimamente la concezione determinista. L'infatuazione di Antonio per Cleopatra, l'attacco di gotta di Bajazet, il raffreddore di Trockij erano determinati da cause, proprio come qualsiasi altro evento. Se supponessimo che l'infatuazione di Antonio era immotivata, faremmo uno sgarbo gratuito a Cleopatra. La connessione tra la bellezza femminile e l'infatuazione maschile è una delle correlazioni causali piú infallibili che sia dato riscontrare nella vita d'ogni giorno. Questi presunti accidenti storici costituiscono un rapporto causa-effetto che interrompe – e, per cosí dire, si scontra – con il rapporto causale che lo storico si propone in primo luogo di analizzare. Molto giustamente Bury parlò di «scontro tra due catene causali indipendenti»[3]. Sir Isaiah Berlin, che apre il suo saggio *Historical Inevitability* esprimendo il suo consenso, con un saggio di Bernhard Berenson su *La concezione accidentale della storia*, fa parte di coloro che confondono gli accidenti, intesi in questo senso, con l'assenza di cause. Tuttavia, anche se prescindiamo da questa confusione, ci troviamo di fronte a un problema reale. Com'è possibile scoprire un rapporto coerente di causa e effetto, com'è possibile scoprire un significato nella storia, se i nessi causali da noi supposti possono in ogni momento venire interrotti o deviati da altri nessi, che dal nostro punto di vista sono irrilevanti?

A questo punto possiamo fermarci un momento per chiarire l'origine di questa insistenza, diffusasi di recente, sulla funzione del caso nella storia. A quanto pare, il pri-

[1] W. CHURCHILL, *The World Crisis: The Aftermath*, 1929, p. 386.
[2] L. TROCKIJ, *La mia vita* (trad. ingl., 1930, p. 425).
[3] Per le argomentazioni di Bury in proposito, cfr. *The Idea of Progress*, 1920, pp. 303-4.

mo storico ad affrontare sistematicamente questo problema fu Polibio, per un motivo prontamente individuato da Gibbon. « I greci – osservò Gibbon – dopo che la loro patria era stata ridotta al rango di provincia, attribuirono i trionfi di Roma non al merito, ma alla fortuna »[1]. Un altro storico dell'antichità propenso a far diffuse riflessioni sul caso, fu Tacito, che scrisse anch'egli la storia della decadenza della propria patria. La rinnovata insistenza da parte degli storici inglesi sull'importanza del caso nella storia deriva dal diffondersi di uno stato d'animo d'incertezza e di apprensione iniziato con questo secolo, e accentuatosi dopo il 1914. A quanto pare, il primo storico inglese che dopo un lungo silenzio fece risuonare questa nota, fu Bury, che, in un saggio del 1909 sul *Darwinismo nella storia*, sottolineò l'« elemento di coincidenza casuale » che contribuisce in larga misura « a determinare gli eventi dello sviluppo della società », e nel 1916 dedicò a questo problema un intero saggio intitolato *Il naso di Cleopatra*[2]. H. A. L. Fisher, nel passo già ricordato, che riflette la sua disillusione per il fallimento dei sogni liberali seguito alla prima guerra mondiale, chiede ai lettori di rendersi conto dell'« azione del contingente e dell'imprevedibile » nella storia[3]. Il diffondersi nel nostro paese di una concezione della storia come susseguirsi di accidenti, ha coinciso con l'ascesa in Francia di una scuola filosofica che sostiene che l'esistenza – cito dal celebre libro di Sartre *L'Etre et le*

[1] *Decline and Fall of the Roman Empire*, cap. XXXVIII. È divertente osservare che anche i greci, dopo la conquista romana, si dilettarono al gioco della «storia fatta con i se», consolazione preferita dagli sconfitti: e andavano ripetendosi che Alessandro Magno, se non fosse morto giovane «avrebbe conquistato l'Occidente, e Roma sarebbe diventata suddita dei re greci» (K. VON FRITZ, *The Theory of the Mixed Constitution in Antiquity*, New York 1954, p. 395).

[2] Entrambi gli articoli sono stati ripubblicati in J. B. BURY, *Selected Essays*, 1930; per le osservazioni di Collingwood in proposito, cfr. *The Idea of History*, pp. 148-50.

[3] Cfr. sopra, p. 48. Toynbee citò il passo di FISHER (*A Study of History*, V, 414) fraintendendolo completamente. Toynbee attribuisce la frase alla «moderna credenza occidentale nell'onnipotenza del caso», che «diede origine» al *laissez-faire*. Ma i teorici del *laissez-faire* non credevano nel caso, bensí in una «mano occulta» che armonizzava le discordanti azioni umane; quanto all'osservazione di Fisher, essa va attribuita non al liberalismo basato sul *laissez-faire*, ma al crollo di questa concezione tra il 1920 e il 1940.

néant – non ha « né causa né ragione né necessità ». In Germania, come abbiamo già osservato, il venerando Meinecke scoprí sul finir della propria vita l'importanza del caso nella storia. Egli rivolse a Ranke il rimprovero di non aver preso abbastanza in considerazione questo elemento, e, dopo la seconda guerra mondiale, attribuí i disastri subiti dalla Germania negli ultimi quarant'anni a una serie di eventi accidentali, come la vanità del Kaiser, l'elezione di Hindenburg alla presidenza della repubblica di Weimar, la personalità ossessiva di Hitler, e cosí via – col che esprimeva lo sfacelo intellettuale di un grande storico sotto il peso delle sciagure del proprio paese [1]. In un gruppo o in un paese che si trovino nel cavo anziché sulla cresta dell'onda degli eventi storici, si vedranno prevalere le concezioni che sottolineano la funzione del caso o dell'accidentale nella storia. Gli studenti che ricevono dei brutti voti hanno sempre aderito alla teoria che gli esami sono un terno al lotto.

Ma scoprire le origini di una convinzione non significa risolvere il problema. Dobbiamo ancora decidere che cosa ci stia a fare di preciso il naso di Cleopatra nelle pagine della storia. A quanto pare, il primo che tentò di difendere le leggi della storia da questa intrusione fu Montesquieu. « Se una causa particolare, come l'esito accidentale di una battaglia, ha condotto uno Stato alla rovina – egli scrisse nella sua opera sulla grandezza e la decadenza dei romani – esisteva una causa di carattere generale che provocò la caduta di quello Stato per colpa di un'unica battaglia ». Anche i marxisti si trovarono in difficoltà di fronte a questo problema. Marx se ne occupò una volta sola, e per di piú in una lettera:

« La storia universale avrebbe un carattere davvero mistico se essa escludesse il caso. Naturalmente anche il caso diventa a sua volta parte del generale processo di sviluppo ed è compensato da altre forme di casualità. Ma l'accelerazione e il ritardo dipendono da questi " accidenti ", che

[1] I passi relativi sono citati da W. Stark nella sua introduzione a F. MEINECKE, *Machiavellism*, pp. XXXV-XXXVI.

includono il carattere "casuale" degli individui che sono alla testa di un movimento nella sua fase iniziale »[1].

In tal modo Marx difendeva l'importanza del caso nella storia da tre punti di vista. In primo luogo, esso non avrebbe molta importanza: potrebbe « accelerare » o « ritardare » ma, è sottinteso, non modificare radicalmente il corso degli eventi. In secondo luogo, un accidente sarebbe compensato da un altro, cosicché in ultima analisi l'accidentalità stessa si dissolverebbe. In terzo luogo, l'esempio tipico di casualità sarebbe rappresentato dal carattere degli individui[2]. Trockij rafforzò la teoria della compensazione e della reciproca neutralizzazione degli accidenti storici mediante un'ingegnosa analogia:

« L'intero processo storico consiste in una rifrazione delle leggi storiche attraverso un elemento accidentale. Per esprimerci come i biologi: le leggi della storia si realizzano mediante la selezione naturale degli accidenti »[3].

Confesso che questa teoria mi pare insoddisfacente e poco convincente. Oggi, la funzione del caso nella storia è notevolmente esagerata da coloro che sono interessati a sottolinearne l'importanza. Tuttavia essa esiste, e dire che si limita a provocare accelerazioni o ritardi, ma non apporta modificazioni reali, significa giocare con le parole. Per di piú, non vedo il motivo per cui un evento casuale – per esempio, la morte prematura di Lenin all'età di cinquantaquattro anni – sia compensato automaticamente da qualche altro accidente, in modo da riequilibrare la bilancia del processo storico.

La concezione secondo cui il caso nella storia rappresenta semplicemente la misura della nostra ignoranza, ed è sinonimo di qualcosa che non riusciamo a comprendere, è altrettanto inadeguata[4]. Senza dubbio qualche volta le

[1] K. MARX e F. ENGELS, *Opere* (ed. russa), XXVI, 108.

[2] Tolstoj nel primo epilogo di *Guerra e pace* affermò che tanto il « caso » che il « genio » sono termini che esprimono l'incapacità degli uomini di attingere le cause ultime.

[3] L. TROCKIJ, *La mia vita* (trad. ingl., 1930, p. 422).

[4] Tolstoj era di questo parere: « Siamo costretti a ricadere nel fatalismo per spiegare gli eventi irrazionali, vale a dire gli eventi di cui non comprendiamo la razionalità » (*Guerra e pace*, libro IX, cap. I); cfr. anche il passo citato alla nota 2.

cose vanno proprio cosí. I pianeti furono chiamati « pianeti », cioè vaganti, allorché si credeva che vagassero a caso per il cielo, e non ci si era ancora accorti che il loro moto era regolare. Definire un « incidente » un fatto è uno dei modi migliori per sottrarsi al fastidioso compito di indagare la causa del fatto stesso: cosí, quando qualcuno mi viene a dire che la storia è un susseguirsi di eventi accidentali, sono incline ad attribuirgli una certa pigrizia o una scarsa energia intellettuale. Capita comunemente che uno storico serio sottolinei che un evento che fino ad allora era stato considerato come incidentale, non è incidentale affatto, e può essere sottoposto a una spiegazione razionale e inserito opportunamente in un contesto piú ampio. Ma anche questo non risponde del tutto alla nostra domanda. L'elemento incidentale non è dato semplicemente da ciò che non riusciamo a comprendere. Credo che la soluzione del problema dell'accidentale nella storia vada cercata in un ambito alquanto diverso.

Abbiamo visto precedentemente come il lavoro dello storico inizi con la scelta e l'ordinamento dei fatti, che si trasformano in tale modo in fatti storici. Non tutti i fatti sono fatti storici: ma la distinzione tra fatti storici e non storici non è rigida né costante. Ogni fatto può assurgere, per dir cosí, al rango di fatto storico, quando ne sia stata accertata l'importanza. L'atteggiamento dello storico verso il problema delle cause è caratterizzato da un processo in qualche modo analogo. Le cause determinano l'interpretazione del processo storico, e l'interpretazione determina la scelta e l'ordinamento delle cause. L'essenza dell'interpretazione è data dalla gerarchia delle cause, dall'importanza relativa attribuita a una causa o a un gruppo di cause. E ciò ci dà la risposta al problema dell'importanza dell'elemento accidentale nella storia. La forma del naso di Cleopatra, la gotta di Bajazet, il morso della scimmietta che uccise re Alessandro, la morte di Lenin, furono tutti accidenti che modificarono il corso della storia. È futile cercare di farli scomparire, o fingere che in un modo o nell'altro finirono per non avere alcun effetto. D'altro canto, nella misura in cui si trattò di eventi accidentali, essi non rientrano in un'interpretazione razionale della storia, o nella gerarchia delle cause determinanti stabilite dallo storico. Il professor Popper e il professor Berlin – mi riferisco ancora una volta ad essi come ai rappresentanti piú cospicui e piú noti di questa tendenza – suppongono che il tentativo dello storico di stabilire il significato del processo storico e di trarne le conclusioni, corrisponda a un tentativo di ridurre il « complesso dell'esperienza » a uno schema simmetrico, cosicché la presenza di un elemento accidentale nella storia segnerebbe il fallimento di questo tentativo. Ma nessuno storico in possesso delle proprie facoltà mentali pretende di giungere a una meta cosí assurda come quella di abbracciare il « complesso dell'esperienza »; lo storico può abbracciare soltanto una minima porzione dei fatti, e limitatamente al settore o all'aspetto della storia da lui scelti. Il mondo dello storico, come quello dello scienziato, non è una riproduzione fotografica del mondo reale, ma piuttosto un modello, un'ipotesi di lavoro, che mette lo storico piú o meno in grado di comprendere e dominare il mondo stesso. Lo storico distilla dall'esperienza del passato, o da quel tanto dell'esperienza del passato che gli è accessibile, la parte che gli sembra riconducibile a una spiegazione e un'interpretazione razionali, e da cui poi trae conclusioni che possano servire da guida all'azione. Non molto tempo fa uno scrittore di successo, parlando delle mete raggiunte dalla scienza, parlò immaginosamente del modo di procedere della mente umana, che « rovistando nel groviglio dei "fatti" già noti, sceglie, rappezza e riunisce insieme i fatti *importanti*, scartando quelli *irrilevanti*, finché non è riuscita a cucire un tessuto logico e razionale di conoscenza »[1]. A parte il rischio di un eccessivo soggettivismo, sono pronto ad accettare tutto ciò come descrizione del modo di procedere della mente dello storico.

Tutto ciò può sconcertare e urtare i filosofi, e forse anche qualche storico: eppure questo modo di procedere è perfettamente familiare alla gente comune che cerca di risolvere i problemi pratici della vita d'ogni giorno. Facciamo un esempio. Jones, tornando da una festa, durante

[1] L. PAUL, *The Annihilation of Man*, 1944, p. 147.

la quale ha ingerito una quantità di alcool maggiore del solito, su una macchina con i freni in cattive condizioni, giunto a una svolta dove la visibilità è notoriamente scarsa, investe e uccide Robinson, che stava traversando la strada per comprare delle sigarette al negozio all'angolo. Cessata la confusione, ci rechiamo – al commissariato di polizia piú vicino, per esempio – per indagare sulle cause dell'incidente. Esso fu dovuto forse alla condizione di semintossicazione del guidatore, nel qual caso si potrebbe arrivare a un processo? Oppure alle cattive condizioni dei freni, nel qual caso ci si potrà rivolgere al garage che fece revisionare la macchina soltanto una settimana prima? Oppure alla cattiva visibilità della svolta, nel qual caso potremmo invitare l'assessore alla viabilità ad occuparsi della cosa? Mentre stiamo esaminando questi problemi pratici, irrompono nella stanza due distinti signori – mi guarderò bene dall'identificarli – che cominciano a spiegarci, con grande eloquenza e copia di argomenti, che, se Robinson non fosse uscito in cerca di sigarette quella sera, non avrebbe traversato la strada e non sarebbe stato ucciso; che pertanto la causa della morte di Robinson fu il fatto che avesse avuto voglia di sigarette, e che ogni indagine che trascuri questa causa sarà soltanto una perdita di tempo, e porterà a conclusioni inutili e assurde. Che cosa dobbiamo fare? Appena riusciamo a interrompere questo profluvio di eloquenza, mettiamo alla porta, con garbo ma con fermezza, i due visitatori, e diamo istruzioni al guardiano perché non li faccia rientrare a nessun costo; poi riprendiamo le nostre indagini. Ma quale risposta dobbiamo dare ai due disturbatori? Certo, Robinson è stato ucciso perché era un fumatore. Tutto ciò che dicono i seguaci della dottrina del caso e della contingenza nella storia è perfettamente vero e logico, di una logica che ricorda quella, spietata, di *Alice nel paese delle meraviglie* e di *Attraverso lo specchio*. Ma, pur non essendo secondo a nessuno nell'ammirare questi maturi esempi di dottrina oxoniense, preferisco tenere separati i vari tipi di logica. La logica alla Lewis Carroll non è la logica della storia.

La storia consiste perciò in un processo di scelte basate sul criterio dell'importanza storica. Per riferirci ancora una volta alla frase di Talcott Parsons, la storia è un « sistema selettivo » che orienta la realtà da un punto di vista non soltanto conoscitivo, ma causale. Come dall'oceano sconfinato dei fatti lo storico trasceglie quelli che sono rilevanti per il suo scopo, cosí dagli infiniti nessi causa-effetto egli trasceglie quelli, e soltanto quelli, che sono storicamente rilevanti, che, cioè, egli riesce ad inserire nel suo modello di interpretazione e spiegazione razionali. Altri rapporti causa-effetto devono essere scartati in quanto accidentali, e non perché in essi la relazione tra causa e effetto sia diversa, ma perché il nesso stesso appare irrilevante, e indifferente allo storico. Esso non è riconducibile a una spiegazione razionale, e non ha alcun significato né per il passato né per il presente. È vero che il naso di Cleopatra, o la gotta di Bajazet, o il morso di scimmia di re Alessandro, o la morte di Lenin, o il vizio del fumo di Robinson hanno avuto degli effetti. Ma non ha alcun senso affermare in linea generale che i generali perdono le battaglie perché s'innamorano delle belle regine, o che le guerre scoppiano perché i re allevano le scimmiette, o che la gente viene investita e uccisa dalle macchine perché fuma sigarette. D'altro canto, se voi dite all'uomo comune che Robinson fu ucciso perché il guidatore era ubriaco o perché i freni della macchina non funzionavano, o perché la strada aveva in quel punto una cattiva visibilità, egli troverà il vostro discorso perfettamente sensato, e lo accoglierà come una spiegazione razionale. Se decide di compiere una scelta, può perfino dire che tutto ciò, e non già la voglia di fumare, fu la « vera » causa della morte di Robinson. Analogamente, se voi dite a uno studente di storia che le lotte verificatesi nell'Unione Sovietica nel 1920-30 furono dovute ai contrasti sul ritmo dell'industrializzazione, o sui metodi migliori per indurre i contadini a coltivare grano per rifornire le città, oppure furono dovute alle ambizioni personali dei leader rivali, egli sentirà che si tratta di spiegazioni razionali e storicamente plausibili, nel senso che esse potrebbero essere applicate anche ad altre situazioni storiche, e che sono cause « reali » di ciò che avvenne, nel senso che il caso della morte prematura di Lenin reale non fu. Se è abituato a riflettere su questi problemi, lo studente potrà anche richiamare alla memoria il detto hegeliano, cosí spesso citato e cosí spesso frainteso, che ricorre nell'introduzione alla *Filosofia del diritto*: « ciò che è razionale è reale, ciò che è reale è razionale ».

Torniamo per un attimo alle cause della morte di Robinson. Non abbiamo avuto difficoltà ad ammettere che alcune di queste cause erano razionali e « reali », mentre altre erano irrazionali e accidentali. Ma in base a quale criterio facciamo questa distinzione? Di solito, facciamo lavorare il cervello per qualche scopo. Qualche volta gli intellettuali ragionano, o credono di ragionare, per divertimento: ma in generale gli uomini ragionano per uno scopo. Cosí, quando abbiamo ammesso che certe spiegazioni erano razionali e altre irrazionali, facevamo – mi pare – una distinzione tra spiegazioni che servivano e spiegazioni che non servivano a uno scopo. Nel caso in questione, aveva un senso supporre che la diminuzione della propensione all'alcolismo da parte dei guidatori, o un controllo piú severo sulle condizioni dei freni delle automobili, o un miglioramento della viabilità, contribuirebbero a ridurre il numero degli incidenti stradali. Ma supporre che il numero degli incidenti stradali risulterebbe minore se si impedisse alla gente di fumare, sarebbe del tutto assurdo. È in base a questo criterio che abbiamo distinto le varie cause nel senso che si è detto. Lo stesso vale per le cause storiche. Anche qui distinguiamo tra cause razionali e cause accidentali. Le prime, dal momento che sono potenzialmente applicabili ad altri paesi, altri periodi e altre condizioni storiche, portano a generalizzazioni e conclusioni fruttuose, che possono servire da insegnamento, e ampliano e approfondiscono il quadro delle nostre conoscenze [1].

[1] Il Professor Popper inciampa a un certo punto in questo problema, ma non riesce a vederlo. Dopo aver presupposto « una pluralità di interpretazioni che quanto a suggestività e arbitrarietà » (che cosa poi significhino esattamente questi due termini, non è chiaro) « sono sullo stesso piano », Popper aggiunge tra parentesi che « se ne possono distinguere alcune perché particolarmente fruttuose – il che costituisce un problema abbastanza importante » (*The Poverty of Historicism*, p. 151). Non si tratta di *un* problema abbastanza importante: si tratta *del* problema, che dimostra che lo « storicismo » (in alcuni dei significati attribuiti da Popper a questo ter-

Le cause accidentali non possono essere generalizzate, e, dal momento che sono letteralmente irripetibili, non forniscono alcun insegnamento e non portano a nessuna conclusione. Ma a questo punto bisogna introdurre un altro problema. È appunto questa nozione di « fine » a fornirci la chiave dell'impostazione del problema della causalità storica: e questa nozione implica necessariamente quella di giudizio di valore. Come abbiamo detto nella scorsa lezione, l'interpretazione dello storico è sempre legata ai giudizi di valore, e il problema delle cause, a sua volta, è legato a quello dell'interpretazione. Secondo le parole di Meinecke – il grande Meinecke, il Meinecke del periodo 1920-30 – « la ricerca delle cause della storia è impossibile senza riferirsi ai valori... al di sotto della ricerca delle cause vi è sempre, direttamente o indirettamente, la ricerca dei valori »[1]. E questo ci riporta a quanto abbiamo già detto sulla duplice funzione della storia – di promuovere la nostra comprensione del passato alla luce del presente e, inversamente, del presente alla luce del passato. Tutto ciò che, come l'infatuazione di Antonio per il naso di Cleopatra, non contribuisce a questo duplice scopo, è per lo storico qualcosa di morto e di vuoto.

Arrivato a questo punto, è tempo che confessi di avervi giocato un tiro mancino, che non vi sarà sfuggito, e che in varie occasioni mi ha consentito di abbreviare e semplificare il discorso: per cui confido che siate cosí indulgenti da considerarlo semplicemente una comoda scorciatoia. Ho continuato a servirmi finora dell'espressione convenzionale « passato e presente ». Ma tutti sappiamo che il presente, questa linea immaginaria che separa il passato dal futuro, è una realtà puramente mentale. Parlando del presente ho già inserito tacitamente nella mia argomentazione una nuova dimensione temporale. Penso che sarebbe facile mostrare che, dato che passato e futuro fanno parte della stessa spanna temporale, l'interesse per il passato e quello per il futuro sono reciprocamente legati. Al-

mine) non è poi, in definitiva, cosí miserabile [il Carr allude qui al titolo del libro di K. POPPER, *Miseria dello storicismo*].

[1] *Kausalitäten und Werte in der Geschichte*, 1928, tradotto in F. STERN, *Varieties of History*, 1957, pp. 268, 273.

lorché gli uomini cessano di vivere soltanto nel presente, e s'interessano consapevolmente al passato e al futuro, la linea di confine tra preistoria e storia è varcata. La storia comincia con la trasmissione della tradizione; e tradizione significa trasmissione delle consuetudini e degli insegnamenti del passato all'età futura. Si cominciano a conservare le memorie del passato a profitto delle generazioni a venire. « Il pensiero storico – scrive lo storico olandese Huizinga – è sempre teleologico »[1]. Recentemente, sir Charles Snow ha scritto di Rutherford che « come tutti gli scienziati... egli aveva il futuro nel sangue, pur senza quasi rendersi conto di che cosa questo significasse »[2]. Io credo che anche i buoni storici, ne siano o no consapevoli, hanno il futuro nel sangue. Oltre alla domanda « Perché? » lo storico si pone anche l'altra: « Verso dove? »

[1] J. HUIZINGA, tradotto in *Varieties of History* cit., p. 293.
[2] *The Baldwin Age*, a cura di John Raymond, 1960, p. 246.

Lezione quinta

La storia come progresso

Cominciamo col citare un passo della prolusione che il professor Powicke pronunciò allorché fu nominato Regius Professor di Storia moderna a Oxford trent'anni fa: « Il desiderio di un'interpretazione della storia ha radici cosí profonde che, se non possediamo una visione costruttiva del passato, finiamo per cadere nel misticismo o nel cinismo »[1].

Penso che « misticismo » stia a indicare, qui, la concezione secondo cui il significato della storia risiederebbe in qualche luogo al di fuori della storia stessa, nei regni della teologia o dell'escatologia: la concezione, insomma, condivisa da un Berdjaev, un Niebuhr, un Toynbee[2]. Il « cinismo » designa invece la concezione, piú volte esemplificata, secondo cui la storia è priva di significato, oppure ha molteplici significati tutti egualmente validi o non validi, oppure un significato puramente arbitrario e soggettivo. Sono queste, forse, le due concezioni della storia piú diffuse al giorno d'oggi. Io le rifiuterò entrambe, senza esitazione. Ci resta, quindi, la strana ma suggestiva espressione « visione costruttiva del passato ». Poiché non possiamo sapere che cosa avesse in mente il professor Powicke nel pronunziare queste parole, cercherò di interpretarle a modo mio.

Come le antiche civiltà medio-orientali, le civiltà classiche erano fondamentalmente astoriche. Come abbiamo

[1] F. POWICKE, *Modern Historians and the Study of History*, 1955, p. 174.

[2] « La storia si tramuta in teologia », secondo la trionfante affermazione di A. J. TOYNBEE (*Civilization on Trial*, 1948, prefazione).

già visto, il padre della storia, Erodoto, ebbe un'esigua discendenza. In complesso, gli autori classici si preoccupavano poco sia del futuro che del passato. Tucidide credeva che nell'età che precedeva gli eventi da lui descritti non fosse accaduto niente d'importante, e che niente d'importante, probabilmente, si sarebbe verificato nell'età successiva. Lucrezio dedusse l'indifferenza dell'uomo per il proprio futuro dall'indifferenza ch'esso ha per il passato: « Considera come non ci preoccupino minimamente le età interminabili trascorse prima della nostra nascita. È uno specchio che la natura ci porge del tempo che seguirà la nostra morte » [1].

Le visioni poetiche di un futuro piú luminoso assunsero la forma di ritorno di una passata età dell'oro, secondo una concezione ciclica che assimilava il corso storico al corso della natura. La storia non aveva una meta: poiché mancava il senso del passato, mancava anche il senso del futuro. Solo Virgilio, che nella sua quarta ecloga aveva fornito la classica descrizione del ritorno all'età dell'oro, ebbe per un momento nell'*Eneide* l'ispirazione di prescindere dalla concezione ciclica: « Imperium sine fine dedi » era un'espressione di timbro assolutamente non classico, che in seguito avrebbe procurato a Virgilio una fama di profeta quasi cristiano.

Furono gli ebrei, e dopo di loro i cristiani, che introdussero un elemento del tutto nuovo postulando un fine verso cui si dirigerebbe l'intero processo storico: nasceva, cosí, la concezione teleologica della storia. In tal modo la storia acquistava un significato e un fine, ma finiva col perdere il suo carattere mondano. Attingere il fine della storia avrebbe significato automaticamente mettere un termine alla storia stessa: la storiografia si trasformò in una teodicea. Questa fu la concezione della storia propria del Medioevo. Il Rinascimento restaurò la concezione classica di un mondo antropocentrico e del primato della ragione, in cui tuttavia la pessimistica concezione classica del futuro era sostituita da una visione ottimistica derivata dalla tradizione ebraico-cristiana. Il tempo, che una volta

[1] *De Rerum Natura*, III, 992-95.

era concepito unicamente come elemento ostile e distruttivo, divenne qualcosa di benefico e creativo: si ponga a confronto l'oraziano « Damnosa quid non imminuit dies? » con il baconiano « Veritas temporis filia ». Gli illuministi, che furono i fondatori della storiografia moderna, conservarono la concezione teologica ebraico-cristiana, ma trasformarono il fine da trascendente in mondano. In tal modo riuscirono a reintrodurre il carattere razionale del processo storico. La storia fu concepita sotto forma di evoluzione progressiva, avente per fine la miglior condizione possibile dell'uomo sulla terra. L'oggetto delle sue ricerche non impedí al maggiore degli storici illuministi, Gibbon, dal formulare, com'egli disse « la consolante conclusione che ogni età della storia ha accresciuto, e continua ad accrescere, la ricchezza effettiva, la felicità, le conoscenze, e forse la virtú della razza umana » [1]. Il culto del progresso toccò il culmine nel momento in cui la prosperità, la potenza e la fiducia in se stessa dell'Inghilterra erano giunte al massimo grado: e tra i piú ardenti adepti del culto vi furono uomini di cultura e storici inglesi. Si tratta di un fenomeno troppo noto, che non ha bisogno di essere descritto; mi limiterò a citare un paio di passi che mostrano come la fede nel progresso sia rimasta fino a non molto tempo fa un postulato di tutta la nostra cultura. Acton, nella relazione del 1896 relativa al progetto della *Cambridge Modern History*, relazione che citai nella prima lezione, parlò della storia come di « una scienza fondata sul progresso », e nell'introduzione al primo volume dell'opera scrisse che « siamo costretti a supporre un progresso nelle cose umane, come ipotesi scientifica che condiziona la ricerca storica ». Nell'ultimo volume della *Cambridge Modern History*, apparso nel 1910, Dampier, che al tempo in cui ero studente era *tutor* nel mio college, si di-

[1] E. GIBBON, *The Decline and Fall of the Roman Empire*, cap. XXXVIII; lo spunto di questa digressione era dato dalla caduta dell'impero d'Occidente. Nel citare questo passo (« The Times Literary Supplement », 18 novembre 1960) un critico si è chiesto se Gibbon volesse veramente dire ciò. Naturalmente sí; è piú probabile che il punto di vista di chi scrive rifletta il periodo in cui vive che quello di cui sta scrivendo – verità, questa, esemplificata ottimamente dal critico in questione, che cerca di attribuire a uno storico della fine del Settecento il suo scetticismo della metà del XX secolo.

chiarava sicuro che « le età future non vedranno alcun limite all'incremento della capacità umana di disporre delle risorse naturali, e di servirsene intelligentemente per le risorse della specie »[1]. Tenendo presente ciò che sto per dire, è giusto che io ammetta che questa fu l'atmosfera in cui fui educato, e che potrei sottoscrivere senza riserve le parole di Bertrand Russell, piú anziano di me di mezza generazione: « Io crebbi nel clima dell'ottimismo vittoriano, e... in me rimane qualcosa di quella fiducia, allora cosí confortante »[2].

Nel 1920, allorché Bury scrisse *The Idea of Progress*, si era ormai instaurato un clima meno mite, che lo spinse a biasimare, in ossequio alle mode correnti, « i dottrinari che hanno dato vita all'attuale regno di terrore in Russia »; tuttavia egli definiva ancora il progresso « l'idea che anima e guida la civiltà occidentale »[3]. In seguito questi accenti cessarono. Si dice che Nicola I di Russia avesse emesso un'ordinanza in cui si vietava l'uso della parola « progresso »: oggi, i filosofi e gli storici dell'Europa occidentale, nonché degli Stati Uniti, si sono tardivamente scoperti d'accordo con lui. L'ipotesi del progresso è stata rifiutata. La decadenza dell'Occidente è diventata un'espressione cosí diffusa che ormai è inutile metterla tra virgolette. Ma in realtà, se prescindiamo da tutte queste strida, che cosa è successo? Chi ha generato questo nuovo clima d'opinione? Qualche giorno fa rimasi colpito nel leggere l'unica – almeno credo – osservazione di Bertrand Russel che mi par tradire un acuto senso di classe: « In complesso, oggi nel mondo c'è molta meno libertà di quanta ve ne fosse un secolo fa »[4]. Io non ho un metro per misurare la libertà, e non so come fare a mettere sulla bilancia la minore libertà dei pochi, da una parte, e la maggiore libertà dei molti, dall'altra. Tuttavia, qualunque sia il criterio di misura adottato, l'affermazione mi sembra totalmente inesatta. Mi sembra molto piú convincente uno di

[1] *Cambridge Modern History: Its Origin, Autorship and Production*, 1907, p. 13; *Cambridge Modern History*, I, 1902, p. 4; XII, 1910, p. 791.
[2] B. RUSSELL, *Portraits From Memory*, 1956, p. 17.
[3] J. B. BURY, *The Idea of Progress*, 1920, pp. VII-VIII.
[4] B. RUSSELL, *Portraits From Memory*, 1956, p. 124.

quegli affascinanti scorci di vita accademica oxoniense che ci dà di tanto in tanto A. J. P. Taylor. Tutti questi discorsi sulla decadenza della civiltà, egli scrive, « significano semplicemente che i professori universitari avevano in passato delle donne di servizio, mentre ora si devono lavare i piatti da soli »[1]. È ovvio che agli occhi delle ex donne di servizio il fatto che i professori lavino i piatti possa apparire un segno di progresso. La perdita della supremazia africana da parte dei bianchi, che angoscia gli imperialisti nostalgici, i sudafricani e gli azionisti delle miniere d'oro e di rame, può sembrare ad altra gente un progresso. In questa faccenda del progresso, non vedo il motivo di preferire *ipso facto* il giudizio degli uomini del 1950-60 a quello degli uomini della fine del secolo scorso, o il giudizio degli anglosassoni a quello dei russi, degli asiatici e degli africani, o il giudizio dell'intellettuale della media borghesia a quello dell'uomo della strada che, secondo Macmillan, non è mai stato cosí bene. Sospendiamo per il momento il giudizio su questo problema, se cioè stiamo vivendo in un'età di progresso o di decadenza, e esaminiamo un po' piú da vicino che cosa implichi il concetto di progresso, quali ipotesi esso presupponga, e in qual misura esse siano diventate insostenibili.

Prima di tutto, vorrei sgombrare il campo dalla confusione che si fa solitamente tra progresso ed evoluzione. I pensatori dell'Illuminismo aderirono a due concezioni apparentemente contraddittorie. Essi cercarono di rivendicare il posto dell'uomo nella natura: le leggi della storia furono assimilate alle leggi naturali. D'altro canto, essi credevano nel progresso. Ma quale motivo c'era di considerare la natura animata dal progresso, e procedente in maniera costante verso una meta? Hegel risolse la difficoltà separando nettamente la storia, caratterizzata dal progresso, e la natura, che non lo era. La rivoluzione darwiniana sembrò risolvere ogni difficoltà assimilando evoluzione e progresso: come la storia, anche la natura risultava, in ul-

[1] « The Observer », 21 giugno 1959.

tima analisi, progressiva. Ciò tuttavia aprí la strada a un fraintendimento molto piú grave, per cui l'eredità biologica, che è la fonte dell'evoluzione, veniva confusa con le acquisizioni culturali, che sono la fonte del progresso storico. Si tratta di una distinzione ovvia, e ben nota. Se mettiamo un bambino europeo in una famiglia cinese, il bambino crescerà con la pelle bianca, ma parlerà cinese. La pigmentazione è un'eredità biologica, mentre il linguaggio è un'acquisizione culturale trasmessa dal cervello umano. L'evoluzione dei caratteri ereditari va misurata in termini di millenni o di milioni di anni; non si ha notizia di mutazioni biologiche percepibili verificatesi nell'uomo dall'inizio delle testimonianze scritte. Il progresso legato alle acquisizioni culturali, invece, si può misurare in termini di generazioni. L'essenza dell'uomo in quanto essere razionale è di sviluppare le sue potenziali capacità accumulando l'esperienza delle generazioni passate. Si dice che l'uomo moderno non abbia un cervello piú sviluppato, o doti intellettuali maggiori di quelle del suo antenato di cinquemila anni fa. Ma la sua capacità intellettuale è stata moltiplicata molte volte dal fatto di aver appreso e assimilato l'esperienza delle generazioni che da allora si sono succedute sulla terra. La trasmissione dei caratteri acquisiti, negata dai biologi, è la vera base del progresso della società. La storia è progresso in quanto le capacità acquisite da una generazione vengono trasmesse ad un'altra.

In secondo luogo, non abbiamo bisogno né dobbiamo concepire questo progresso come avente un inizio e una fine determinati. La credenza, diffusa meno di mezzo secolo fa, che la civiltà era stata inventata nella valle del Nilo nel quarto millennio prima di Cristo, non è piú attendibile, oggi, della cronologia che poneva la creazione del mondo nel 4004 avanti Cristo. Senza dubbio la civiltà, la cui nascita può forse essere assunta come punto di partenza della nostra ipotesi di progresso, non fu un'invenzione, bensí un processo di sviluppo estremamente lento, nel corso del quale si verificarono, di tanto in tanto, salti straordinari. Non abbiamo bisogno di affaticarci sul problema dell'inizio del progresso – o della civiltà. L'ipotesi di un termine preciso del progresso ha provocato equivoci piú gravi. Hegel è stato a buon diritto condannato per aver visto il termine del progresso nella monarchia prussiana – il che era probabilmente il frutto di un risultato estremo della sua concezione secondo cui era impossibile emettere previsioni. Ma l'aberrazione di Hegel fu superata da quella di un eminente rappresentante dell'età vittoriana, Arnold di Rugby, che nella prolusione pronunciata nel 1841 in qualità di Regius Professor di storia moderna a Oxford, asserí che la storia moderna costituiva l'ultima fase della storia del genere umano: « A quanto sembra, essa porta su di sé i segni della pienezza dei tempi, come se non dovesse esistere dopo di lei alcuna storia futura » [1]. La previsione di Marx secondo cui la rivoluzione proletaria avrebbe realizzato il fine ultimo di una società senza classi era, da un punto di vista logico e morale, meno vulnerabile; ma l'ipotesi di una fine della storia ha un timbro escatologico piú adatto al teologo che allo storico, e ci riporta all'erronea credenza in una meta situata al di fuori della storia. Senza dubbio, l'idea di una fine precisa esercita un'attrazione sulla mente umana, e la visione di Acton dello sviluppo storico come di un progresso indefinito verso la libertà, sembra frigida e vaga. Ma se lo storico deve salvare l'ipotesi del progresso, penso che debba prepararsi a considerarlo come un processo il cui contenuto specifico sarà dato dalle necessità e dalle condizioni dei successivi periodi. Era questo che voleva dire Acton allorché affermava che la storia non è una mera registrazione dei progressi avvenuti, ma « una scienza fondata sul progresso », o, se si preferisce, che la storia nel duplice senso del termine – come *res gestae* e *historia rerum gestarum* – è caratterizzata dal progresso. Ricordiamo la descrizione fatta da Acton del progredire della libertà nella storia:

« È stato grazie agli sforzi congiunti dei deboli, soggetti all'oppressione, di resistere al regno della violenza e del torto perenne, che, nel corso delle rapide trasformazioni ma del lento progresso verificatisi negli ultimi quattro se-

[1] T. ARNOLD, *An Inaugural Lecture on the Study of Modern History*, 1941, p. 38.

coli, la libertà è stata preservata, protetta, diffusa, e infine compresa »[1].

Acton concepiva la storia, in quanto successione di eventi, come progresso verso la libertà, e la storia in quanto intendimento di quegli eventi, come un progresso verso la comprensione della libertà: i due processi avanzavano parallelamente[2]. Il filosofo Bradley, che scriveva in un'età in cui le analogie tratte dall'evoluzione erano di moda, osservò che « per la fede religiosa il fine dell'evoluzione è ciò che... si è già evoluto »[3]. Per lo storico il fine del progresso non si è ancora evoluto. È qualcosa di ancora estremamente remoto, i cui segnali ci appaiono soltanto via via che procediamo. Ciò non ne diminuisce l'importanza. Un compasso è uno strumento utile, anzi indispensabile, ma non è una mappa della strada da percorrere. Il contenuto della storia può realizzarsi soltanto allorché lo sperimentiamo.

In terzo luogo, va detto che nessuna persona sana di mente ha mai creduto in un tipo di progresso che avanzi in linea retta senza ritorni, deviazioni e soluzioni di continuità, cosicché anche il ritorno piú accentuato non mina necessariamente la fede nel progresso. È chiaro che vi sono periodi di regresso cosí come vi sono periodi di progresso. Le quattro o tre civiltà di Hegel e di Marx, le ventuno civiltà di Toynbee, la teoria di un ciclo vitale delle civiltà comprendente una nascita, una decadenza e una rovina, sono tutti schemi in sé privi di senso. Essi tuttavia esprimono il fatto piú volte osservato che lo sforzo necessario a far procedere una civiltà cessa in un luogo per essere ripreso in un altro luogo, cosicché ogni progresso riscontrabile nella storia è indubbiamente discontinuo nel tempo e nello spazio. In verità, se mi si imponesse di formulare le leggi della storia, una di queste sarebbe che il gruppo – chiamatelo classe, nazione, continente, civiltà o come volete – che ha una funzione di guida nel progresso

[1] J. ACTON, *Lectures on Modern History*, 1906, p. 51.

[2] Anche K. MANNHEIM, *Ideology and Utopia*, trad. ingl., 1936, p. 236, associa « la volontà dell'uomo di plasmare la storia » alla sua « capacità di comprenderla ».

[3] F. H. BRADLEY, *Ethical Studies*, 1876, p. 293.

della civiltà in un periodo, difficilmente avrà una funzione analoga nel periodo successivo, e ciò per la buona ragione che sarà troppo profondamente imbevuto delle tradizioni, degli interessi e delle ideologie del periodo precedente per essere in grado di adattarsi alle necessità e alle condizioni del periodo successivo [1]. In tal modo può benissimo accadere che quello che a un gruppo sembra un periodo di decadenza appaia a un altro un periodo di inizio di un nuovo progresso. Progresso non significa, e non può significare, progresso uguale e simultaneo per tutti. È degno di nota che quasi tutti i nostri recenti profeti di decadenza, i nostri scettici che non riescono a scorgere alcun significato nella storia, e affermano che il progresso è morto, appartengono alla parte del mondo e alla classe sociale che hanno svolto trionfalmente per varie generazioni una funzione decisiva di guida nel progresso della civiltà. Non li consola il sentirsi dire che la funzione svolta dal loro gruppo in passato passerà ora ad altri gruppi. È chiaro che una storia che ha giocato loro un simile tiro mancino non può essere concepita come un processo razionale e provvisto di significato. Ma se dobbiamo mantenere l'ipotesi del progresso, dobbiamo, a mio parere, accettare la condizione che la sua linea si possa interrompere.

Infine, passiamo a considerare il problema del contenuto fondamentale del progresso in termini di azione. Coloro che lottano, per esempio, per estendere a tutti i diritti civili, o per riformare le istituzioni penali, o per abolire le ineguaglianze razziali o economiche, si propongono consapevolmente di attuare per l'appunto queste cose, e non già di realizzare un « progresso », o una determinata « legge » o « ipotesi » storica del progresso. È lo storico che applica alle loro azioni la propria ipotesi di progresso, o che interpreta le loro azioni come progresso. Ma questo non

[1] Per una diagnosi di tale situazione cfr. R. S. LYND, *Knowledge for What?*, New York 1939, p. 88: «Nella nostra civiltà le persone anziane sono spesso orientate verso il passato, verso il tempo del loro vigore e della loro forza, e si oppongono al futuro come a una minaccia. È probabile che un'intera civiltà, giunta in una fase avanzata di disintegrazione e sul punto di perdere completamente la propria forza, si possa orientare prevalentemente verso un'età dell'oro perduta, mentre la vita presente viene vissuta accidiosamente».

inficia certo il concetto di progresso. Sono lieto di trovarmi d'accordo su questo punto con sir Isaiah Berlin, allorché afferma che « progresso e reazione, per quanto siano termini molto abusati, non sono concetti privi di significato »[1]. Uno dei presupposti della storia è che l'uomo è in grado di trarre profitto (anche se non sempre lo fa) dall'esperienza dei suoi predecessori, e che il progresso storico, a differenza dell'evoluzione naturale, si basa sulla trasmissione di proprietà acquisite. Tali proprietà comprendono tanto il possesso materiale di oggetti quanto la capacità di dominare, trasformare e utilizzare l'ambiente. In realtà, i due fattori sono strettamente legati e reagiscono l'uno sull'altro. Marx considera il lavoro umano come la base di tutto l'edificio: e la formula sembra accettabile, se attribuiamo alla parola « lavoro » un significato abbastanza esteso. Ma la mera accumulazione di risorse non è sufficiente, a meno che non si accompagni, oltre che a un accrescimento delle cognizioni e dell'esperienza tecnica e sociale, a un accrescimento del dominio dell'uomo sull'ambiente, in senso lato. Credo che pochi, oggi, oserebbero mettere in dubbio l'esistenza di un progresso nell'accumulazione delle risorse materiali e della conoscenza scientifica, nonché del dominio sull'ambiente da un punto di vista tecnologico. Ciò che ci si chiede è se nel secolo XX vi sia stato un qualche progresso nell'ordinamento della società, nel dominio dell'ambiente in senso sociale, nazionale e internazionale, e se addirittura non si sia verificato da questi punti di vista un netto regresso. Forse che l'evoluzione dell'uomo in quanto essere sociale non ha segnato fatalmente il passo in confronto ai progressi della tecnologia?

È ovvio che cosa induca a porre questa domanda. Ciò nondimeno, sospetto che essa sia mal posta. La storia ha visto molti periodi cruciali, nel corso dei quali la guida e l'iniziativa sono passati da un gruppo, o da un settore del globo, a un altro: esempi degni di nota in questo senso sono stati, nell'età moderna, il periodo della nascita dello stato moderno e la dislocazione del potere dal Mediterraneo all'Europa centrale, nonché il periodo della Rivolu-

[1] « Foreign Affairs », XXVIII, n. 3, giugno 1950, p. 382.

zione francese. Simili periodi sono sempre età di violenti rivolgimenti e di lotte per il potere. Le vecchie autorità vacillano, gli antichi confini vengono cancellati, e il nuovo ordine emerge da un violento cozzo di ambizioni e di rancori. A mio parere, stiamo attraversando un periodo di questo tipo. Affermare che la nostra capacità di comprendere i problemi dell'organizzazione sociale e che la nostra determinazione di riorganizzare la società alla luce di tale comprensione, siano diminuite, mi sembra semplicemente falso: oserei dire, anzi, che esse sono notevolmente aumentate. Non si tratta di diminuzione delle nostre capacità o di declino del nostro impegno morale. Il fatto è che il periodo di conflitti e di rivolgimenti che stiamo vivendo, dovuti al mutare dei rapporti di forze dei continenti, delle nazioni e delle classi, ha sottoposto a una tensione incredibilmente maggiore le nostre capacità e il nostro impegno morale, limitando e frustrando la loro capacità di giungere a un risultato positivo. Non voglio certo sottovalutare la portata della sfida che gli ultimi cinquant'anni hanno lanciato alla credenza nel progresso nel mondo occidentale: tuttavia, non credo che il progresso storico sia terminato. Ma se mi ponete ulteriori domande sul contenuto di questo progresso, credo che non potrò dare altro che una risposta piú o meno simile a questa. Il concetto di una meta definita e chiaramente definibile del progresso storico, cosí spesso postulato dai pensatori ottocenteschi, è risultato sterile e vuoto. Credere nel progresso non significa credere a un processo automatico o inevitabile, bensí allo sviluppo progressivo delle potenzialità umane. Progresso è un termine astratto: i fini concreti perseguiti dall'umanità nascono volta a volta dal corso della storia, e non già da una fonte situata al di fuori di essa. Io non professo alcuna fede nella perfettibilità dell'uomo, o in un futuro paradiso sulla terra. In questo senso, mi dichiaro d'accordo con i teologi e i mistici che asseriscono che la perfezione non si può attingere nella storia. Tuttavia, mi accontento della possibilità di progressi illimitati, o limitati in maniera per noi imprevedibile, verso mete che si possano definire soltanto nel momento in cui ci approssimiamo ad esse, e la cui validità può essere verificata soltanto nel momento in cui le tocchiamo. Mi pare che, senza una concezione del progresso piú o meno analoga a questa, nessuna società potrebbe sopravvivere. Ogni società civilizzata impone alla generazione presente dei sacrifici, a profitto delle generazioni venture. Giustificare questi sacrifici in nome di un futuro mondo migliore corrisponde, in termini mondani, alla giustificazione in nome di questo o quel fine divino. Come disse Bury, « il principio del dovere verso la posterità è un corollario immediato dell'idea di progresso »[1]. Forse, questo dovere non richiede di essere giustificato; ma se lo richiede, non saprei in quale altra maniera farlo.

E con questo arriviamo al famoso nodo dell'obiettività storiografica. Lo stesso termine « obiettività » è sviante e chiede a sua volta di essere spiegato. In una delle scorse lezioni ho già detto che le scienze sociali – ivi compresa la storia – non possono servirsi di una teoria della conoscenza che ponga il soggetto e l'oggetto uno di fronte all'altro, e stabilisca una rigida separazione tra l'osservatore e ciò che viene osservato. Abbiamo bisogno di un nuovo schema interpretativo che dia ragione del complicato processo di interrelazione e interazione tra i due termini. I fatti storici non possono essere meramente oggettivi, dal momento che divengono fatti storici soltanto grazie al significato che lo storico attribuisce loro. L'obiettività storica – se vogliamo servirci ancora del termine tradizionale – non può essere un'obiettività fattuale, ma soltanto relazionale, riferita cioè alla relazione tra fatti e interpretazione, e tra passato, presente e futuro. Non c'è bisogno di riesporre i motivi che mi hanno indotto a rifiutare come astorico il tentativo di giudicare gli eventi storici alla luce di un criterio di valore assoluto posto al di fuori della storia e da essa indipendente. Ma anche il concetto di verità assoluta non si addice alla storia – e neppure, temo, alla scienza. Soltanto il tipo piú elementare di affermazione storica può essere giudicato assolutamente vero o assolutamente falso. A un livello piú complesso, lo storico che, per esem-

[1] J. B. BURY, *The Idea of Progress*, 1920, p. IX.

pio, contesta il giudizio di uno dei suoi predecessori, lo rifiuta non perché assolutamente falso, ma perché inadeguato, o unilaterale o sviante, o perché prodotto da un punto di vista che fatti ulteriori hanno dimostrato superato o irrilevante. Chi affermasse che la Rivoluzione russa fu dovuta all'idiozia di Nicola II o al genio di Lenin, direbbe cosa assolutamente inadeguata – talmente inadeguata da essere in definitiva del tutto erronea. Tuttavia non è possibile definire quest'affermazione « assolutamente falsa ». Lo storico non ha a che fare con assoluti di questo tipo.

Torniamo al triste caso della morte di Robinson. L'obiettività della nostra inchiesta in proposito non dipendeva dall'accertamento dei fatti, che non erano in discussione, ma dalla distinzione tra fatti reali o importanti, che erano quelli che ci interessavano, e i fatti accidentali, che potevamo permetterci di ignorare. Ci è stato facile tracciare questa separazione, in quanto il nostro criterio per giudicare l'importanza dei singoli fatti, criterio che era il fondamento della nostra obiettività, era chiaro: si trattava di decidere se i fatti erano o no importanti per il nostro scopo, e cioè la riduzione del numero degli incidenti mortali sulle strade. Ma lo storico non ha la fortuna dell'investigatore, di avere cioè di fronte a sé uno scopo semplice e delimitato come quello di ridurre il numero degli incidenti stradali. Anche lo storico ha bisogno per la sua interpretazione di un criterio per valutare l'importanza dei singoli fatti, che equivale a un canone di obiettività, per distinguere tra fatti importanti e fatti accidentali: e anch'egli può trovare questo criterio unicamente nell'importanza o meno dei singoli fatti per il fine che si è proposto. Ma questo fine è necessariamente un fine in continua evoluzione, dal momento che una delle caratteristiche essenziali della storia è il continuo evolversi dell'interpretazione del passato. L'ipotesi tradizionale secondo cui per spiegare ciò che muta dovremmo sempre far riferimento a qualcosa di fisso e di immutabile, va contro l'esperienza dello storico. « Per lo storico – afferma il professor Butterfield, forse riservando implicitamente a se stesso una sfera interdetta agli storici – l'unico assoluto è il divenire»[1]. Nella storia, l'assoluto non è un punto di partenza situato nel passato, e non appartiene al presente, dal momento che la nozione di presente è intrinsecamente relativa. Si tratta di qualcosa ancora in divenire, in via di compimento – qualcosa che appartiene al futuro verso cui muoviamo, e che comincia a prender forma soltanto via via che ci avviciniamo ad esso, e alla luce del quale, via via che avanziamo, riplasmiamo gradualmente la nostra interpretazione del passato. È questo il nucleo mondano di verità racchiuso nel mito religioso che afferma che il significato della storia sarà rivelato soltanto nel giorno del Giudizio. Il nostro criterio non è assoluto, nel senso statico di qualcosa di identico ieri, oggi e sempre: un simile assoluto è incompatibile con la natura della storia. Tuttavia, esso è un assoluto in rapporto alla nostra interpretazione del passato. Esso rifiuta la concezione relativistica secondo cui una interpretazione vale l'altra oppure ogni interpretazione è valida nel proprio contesto storico, e fornisce la pietra di paragone mediante la quale verrà giudicata, in ultima analisi, la nostra interpretazione del passato. È questo senso del moto della storia che ci mette in grado di coordinare e interpretare gli eventi del passato – ecco il compito dello storico – e di liberare e organizzare le energie umane presenti, con l'occhio al futuro – ed ecco il compito dell'uomo di Stato, dell'economista e del riformatore sociale. Ma in sé, il processo rimane progressivo e dinamico. La nostra concezione del moto della storia, e la nostra interpretazione del passato sono soggette, via via che la storia procede, a una modificazione e a un'evoluzione continue.

Hegel rivestí il suo assoluto con le mistiche spoglie dello spirito del mondo, e commise l'errore capitale di far terminare il corso della storia nel presente anziché proiet-

[1] H. BUTTERFIELD, *The Whig Interpretation of History*, 1931, p. 58: cfr., per una presa di posizione piú elaborata, A. VON MARTIN, *The Sociology of the Renaissance*, trad. ingl., 1945, p. 1: «L'inerzia e il movimento, la statica e la dinamica sono categorie essenziali per una considerazione sociologica della storia... Nella storia si può parlare d'inerzia soltanto in senso relativo: il problema fondamentale è se l'elemento dominante sia rappresentato dall'inerzia o dal mutamento». Nella storia, la trasformazione è l'elemento positivo e assoluto, l'inerzia l'elemento soggettivo e relativo.

tarlo nel futuro. Egli ammise l'esistenza di un processo di evoluzione continua nel passato, e contraddittoriamente lo negò per il futuro. Dopo Hegel, coloro che rifletterono piú profondamente sulla natura della storia, scorsero in essa una sintesi di passato e futuro. Tocqueville, che pure non si liberò completamente dalla terminologia teologica del suo tempo e diede al suo assoluto un contenuto troppo limitato, colse tuttavia l'essenza del problema. Dopo aver parlato dello sviluppo dell'eguaglianza come di un fenomeno universale e non transitorio, proseguí:

« Se gli uomini del nostro tempo fossero indotti a considerare il graduale e progressivo sviluppo dell'eguaglianza come il passato e il futuro della loro storia, questa singola scoperta conferirebbe a quello sviluppo il carattere sacro della volontà del loro signore e padrone »[1].

Su questo tema, non ancora esaurito, si potrebbe scrivere un capitolo importante di storia della storiografia. Marx, che condivideva in parte la riluttanza di Hegel a guardare nel futuro, e che d'altra parte mirava soprattutto a radicare saldamente la sua dottrina nella storia passata, fu costretto dall'oggetto stesso dell'indagine a proiettare nel futuro il suo assoluto, rappresentato dalla società senza classi. Un po' goffamente, ma senza dubbio con la stessa intenzione, Bury definí l'idea di progresso « una teoria che implica una sintesi del passato e una profezia del futuro »[2]. Gli storici, afferma Namier con una frase volutamente paradossale, accompagnata dalla consueta ricchezza di esempi, « immaginano il passato e ricordano il futuro »[3]. Soltanto il futuro può fornire la chiave per l'interpretazione del passato, e soltanto in questo senso possiamo parlare, in ultima analisi, di un'obiettività della storia. Il fatto che il passato getti luce sul futuro e il futuro getti luce sul passato è insieme la giustificazione e la spiegazione della storia.

Che cosa vogliamo dire, allora, allorché lodiamo uno storico per la sua obiettività, o diciamo che uno storico è piú obiettivo di un altro? Non vogliamo dire soltanto – è

[1] A. de Tocqueville, prefazione alla *Democrazia in America*.
[2] J. B. BURY, *The Idea of Progress*, 1920, p. 5.
[3] L. B. NAMIER, *Conflicts*, 1942, p. 70.

chiaro – che egli elenca i fatti con esattezza, ma piuttosto che sceglie i fatti giusti, o, in altri termini, che si serve di un giusto criterio per valutare l'importanza dei fatti stessi. Quando diciamo che uno storico è obiettivo, vogliamo dire, credo, due cose. Prima di tutto, vogliamo dire che ha la capacità di sollevarsi al di sopra della visione limitata propria della sua situazione storico-sociale – capacità, come ho suggerito in una delle lezioni precedenti, che dipende in parte dalla capacità di ammettere in qual misura si è coinvolti in quella situazione, e cioè di ammettere che un'obiettività totale è irraggiungibile. In secondo luogo, vogliamo dire che egli ha la capacità di proiettare la sua visione nel futuro, in modo tale da acquisire una comprensione del passato piú profonda e durevole di quella raggiunta dagli storici la cui visuale è limitata alla loro situazione immediata. Oggi, nessuno storico farebbe propria la fiducia di Acton nella prospettiva di una « storia definitiva ». Tuttavia, alcuni storici scrivono una storia che è piú durevole, e ha un carattere piú definitivo e obiettivo, di quella di altri: sono questi gli storici che posseggono una visione a lungo termine, se cosí posso dire, del passato e del futuro. Lo storico del passato può avvicinarsi all'obiettività solo in quanto si avvicina alla comprensione del futuro.

Perciò, allorché in una delle scorse lezioni ho parlato della storia come di un dialogo tra passato e presente, avrei dovuto definirla piuttosto un dialogo tra gli eventi del passato e le prospettive future emergenti a poco a poco. L'interpretazione che lo storico dà del passato, la scelta ch'egli fa degli elementi importanti e significativi, evolvono con il progressivo emergere di nuove mete. Prendiamo l'esempio piú semplice: finché la meta principale della storia sembrava essere l'organizzazione delle libertà costituzionali e dei diritti politici, lo storico interpretò il passato in termini costituzionali e politici. Allorché i fini economici e sociali cominciarono a sostituire i fini costituzionali e politici, gli storici si volsero a interpretare il passato da un punto di vista economico e sociale. In questo processo, gli scettici potranno affermare, con una certa apparente verosimiglianza, che la nuova interpretazione non è piú vera di quella antica, e che ognuna è valida per il periodo in cui è nata. Tuttavia, dato che il porsi fini economici e sociali rappresenta una fase piú complessa e progredita dello sviluppo umano in confronto al porsi fini politici e costituzionali, si può affermare che l'interpretazione economico-sociale della storia rappresenta una fase storiografica piú progredita dell'interpretazione esclusivamente politica. L'antica interpretazione non viene rifiutata, ma inclusa e superata nella nuova. La storiografia è una scienza in sviluppo nel senso che cerca continuamente di giungere a una conoscenza piú ampia e piú profonda del corso degli eventi, che è a sua volta in sviluppo. Ecco cosa volevo dire allorché affermavo che abbiamo bisogno di « una visione costruttiva del passato ». Negli ultimi due secoli la storiografia moderna è cresciuta in questa duplice credenza nel progresso, né potrebbe rinunciarvi, dal momento che è questa credenza a fornirle i criteri per valutare l'importanza degli eventi, la pietra di paragone per distinguere tra il reale e l'accidentale. Goethe, in una conversazione svoltasi sul finire della sua vita, tagliò con una certa brutalità il nodo gordiano:

« Quando un'età è in declino, tutte le tendenze sono soggettive; mentre quando sta maturando un'epoca nuova, tutte le tendenze sono obiettive » [1].

Nessuno è obbligato a credere nel futuro della storia o in quello della società. È possibile che la nostra società venga distrutta oppure perisca per una lenta decadenza, e che la storia ripiombi nella teologia – cioè nello studio, anziché delle conquiste umane, degli intenti divini – oppure nella letteratura – cioè nella narrazione di racconti e leggende senza scopo e senza importanza. Ma se ciò avverrà, non sarà piú la storia che abbiamo conosciuta negli ultimi duecento anni.

Devo ancora esaminare la ben nota e diffusa obiezione rivolta alle teorie che pongono il criterio ultimo del giudizio storico nel futuro. Si afferma che simili teorie implica-

[1] Citato in J. HUIZINGA, *Men and Ideas*, trad. ingl., 1959, p. 50.

no che in ultima analisi il criterio di giudizio è il successo, e che, se non tutto ciò che esiste, per lo meno tutto ciò che esisterà è giusto. Negli ultimi duecento anni la maggior parte degli storici non solo ha supposto che la storia si muova in una data direzione, ma ha creduto, piú o meno consapevolmente, che questa direzione era in complesso la direzione giusta, e che il genere umano muoveva dal peggio verso il meglio, da un gradino inferiore a uno superiore. Lo storico non solo affermava l'esistenza di un moto della storia, ma vi aderiva in pieno. Il criterio ch'egli applicava al passato per determinare l'importanza degli eventi, si basava non solo sulla consapevolezza della direzione in cui la storia si stava muovendo, ma anche sulla consapevolezza di essere implicato moralmente in questo moto. La presunta dicotomia tra ciò che « è » e ciò che « dovrebbe essere », tra fatti e valori, era risolta. Era una concezione ottimistica, prodotta da un'età di straripante fiducia nel futuro; e a questa concezione continuarono ad aderire saldamente, con maggiore o minor chiarezza, whig e liberali, hegeliani e marxisti, teologi e razionalisti. Potremmo dire senza esagerare troppo che per duecento anni essa rappresentò la risposta diffusa e implicita alla domanda « Che cos'è la storia? » La reazione ad essa si è verificata con l'instaurarsi dell'odierno stato d'animo ansioso e pessimistico, che ha aperto la strada ai teologi che cercano il significato della storia al di fuori della storia, e agli scettici che non scorgono nella storia alcun significato. Da ogni parte ci vien detto con grande enfasi che la dicotomia tra ciò che « è » e ciò che « dovrebbe essere » è assoluta e irresolubile, e che i « valori » non possono essere derivati dai « fatti ». Penso che questa sia una falsa pista. Vediamo come alcuni storici o scrittori di storia, scelti piú o meno a caso, si siano espressi su questo problema.

Gibbon si giustifica per lo spazio dedicato nella sua storia alle vittorie dell'Islam, affermando che « i seguaci di Maometto tengono ancora oggi lo scettro civile e religioso del mondo orientale ». Tuttavia, egli aggiunge, « sarebbe fuor di luogo dedicare tanta attenzione alle masse barbariche che, tra il VII e il XII secolo, calarono dalle pianure scitiche », poiché « la maestà del trono bizantino respinse questi assalti disordinati, riuscendo a sopravvivere ad essi »[1]. Questo ragionamento non sembra irragionevole. La storia è, in complesso, il racconto di ciò che gli uomini hanno fatto, e non di ciò che non sono riusciti a fare: in questo senso è inevitabilmente un racconto di successi. Il professor Tawney osserva che gli storici conferiscono « un'apparente inevitabilità » all'ordine di cose esistente « col porre in risalto le forze che riuscirono a trionfare e col ricacciare nello sfondo quelle che vennero schiacciate »[2]. Ma in un certo senso non è appunto questa l'essenza del mestiere dello storico? Lo storico non deve sottovalutare l'opposizione, né deve rappresentare la vittoria come una passeggiata quando fu una vittoria di stretta misura. Tra gli sconfitti ve ne furono alcuni che contribuirono al risultato finale almeno quanto i vincitori. Tutte queste massime sono familiari agli storici. Tuttavia lo storico si occupa, in complesso, di coloro che, vittoriosi o sconfitti, compirono qualcosa. Non sono un competente di storia del cricket: credo, però, che essa registri i nomi dei giocatori che ottennero punteggi alti e non quelli dei giocatori che non fecero alcun punto e rimasero ai margini del campo. La famosa affermazione di Hegel, secondo cui nella storia « ci occupiamo unicamente dei popoli che crearono uno Stato »[3], è stata giustamente criticata per il fatto di attribuire valore esclusivo a una delle forme di organizzazione sociale, aprendo la strada a una dannosa adorazione dello Stato. Ma in linea di principio ciò che Hegel cercava di dire era giusto, e rifletteva la ben nota distinzione tra preistoria e storia: soltanto i popoli che sono riusciti a organizzarsi in qualche modo dal punto di vista sociale cessano di essere dei selvaggi e fanno il loro ingresso nella storia. Carlyle nella sua *History of the French Revolution* definí Luigi XV « un vero e proprio solecismo cosmico ». Evidentemente la frase gli piaceva, perché la inserí successivamente in un passo piú lungo:

« Che cos'è questo nuovo, vertiginoso movimento uni-

[1] E. GIBBON, *The Decline and Fall of the Roman Empire*, cap. LV.

[2] R. H. TAWNEY, *The Agrarian Problem in the Sixteenth Century*, 1912, p. 177.

[3] *Lectures on the Philosophy of History*, trad. ingl., 1884, p. 40.

versale – di istituzioni, di rapporti sociali, di menti un tempo unite in una feconda collaborazione, e ora lanciate l'una contro l'altra fino a cozzare? È qualcosa di ineluttabile, è il perire di un solecismo cosmico che finalmente è caduto in rovina »[1].

Ancora una volta, il criterio è storico: ciò che in un'età era appropriato, in un'altra è diventato un solecismo, e perciò condannato. Perfino sir Isaiah Berlin, allorché gli capita di scendere dalle vette dell'astrazione filosofica per considerare situazioni storiche piú concrete, sembra condividere questo punto di vista. In una trasmissione radiofonica di poco posteriore alla pubblicazione del suo saggio *Historical Inevitability*, egli lodò Bismarck, nonostante i suoi difetti morali, definendolo « un genio » e « l'esempio piú cospicuo offerto dal secolo scorso di uomo politico dotato di capacità straordinarie di giudizio politico », giudicandolo positivamente da questo punto di vista in confronto a uomini come Giuseppe II, Robespierre, Lenin e Hitler che non riuscirono a realizzare « i propri scopi precisi ». Questo giudizio mi sembra un po' strano. Tuttavia, ciò che mi interessa in questo momento è il criterio che lo anima. Secondo sir Isaiah, Bismarck comprese con che materiale aveva a che fare, mentre gli altri, per l'influsso di teorie astratte, non poterono agire con successo. Morale, « ciò che determina l'insuccesso è l'opporre resistenza a ciò che è realmente efficace... in nome di un approccio sistematico o di un principio che aspiri ad una validità di carattere generale »[2]. In altre parole, il criterio del giudizio storico non è un « principio che aspiri ad una validità universale » ma « l'efficacia ».

Va da sé che non è soltanto allorché analizziamo il passato che assumiamo questo criterio dell'« efficacia ». Se qualcuno vi dicesse che, nell'attuale situazione, sarebbe auspicabile che l'Inghilterra e gli Stati Uniti si unissero in un unico Stato, con un unico potere sovrano, potreste ammettere che si tratta di un punto di vista abbastanza sensato. Se questo tale arrivasse a dire che la monarchia co-

[1] T. CARLYLE, *The French Revolution*, I, I, cap. 4; I, III, cap. 7.

[2] Radiotrasmissione su « Il giudizio politico » nel Terzo Programma della BBC, 19 giugno 1957.

stituzionale sarebbe preferibile come forma di governo alla repubblica presidenziale, potreste trovare sensato anche questo punto di vista. Ma supponiamo a questo punto che questo tale vi dichiari che egli intende intraprendere una campagna al fine di riunificare i due paesi sotto la corona inglese: probabilmente gli rispondereste che sta perdendo il suo tempo. Se cercaste di spiegargli il motivo della vostra opposizione, dovreste dirgli che problemi di questo tipo devono essere discussi non già sulla base di qualche principio di carattere generale, ma di ciò che appare opportuno in una data situazione storica. Potreste perfino arrivare a commettere il peccato capitale di parlare di Storia con l'S maiuscola, per dire che il nostro interlocutore va contro la Storia. Il compito dell'uomo politico è quello di considerare non solo ciò che è moralmente e teoricamente auspicabile, ma anche le forze realmente esistenti, e in qual misura esse possano essere dirette o indirizzate verso realizzazioni presumibilmente parziali degli scopi prefissi. Le decisioni politiche prese alla luce della nostra interpretazione della storia affondano nel compromesso: ma anche la nostra interpretazione della storia affonda in un compromesso analogo. Non esiste nessun atteggiamento che sia cosí totalmente falso come quello di chi si costruisce un criterio di giudizio presumibilmente astratto e poi condanna il passato alla luce di esso. Alla parola « successo », che ha finito per assumere connotazioni negative, possiamo sostituire un'espressione neutra come « efficacia ». Dal momento che nel corso di queste lezioni mi è accaduto in varie occasioni di intavolare discussioni con sir Isaiah Berlin, sono lieto di poter chiudere la partita col trovarmi d'accordo con lui, se non altro, su questo punto.

Ma il fatto di accettare il criterio dell'« efficacia » non rende la sua applicazione facile o evidente di per sé. Non si tratta di un criterio che induca a formulare giudizi avventati, o ad aderire a una concezione giustificazionista. La storia non ignora le sconfitte ancora in embrione, e conosce ciò che potremmo definire « successo posticipato »: le apparenti sconfitte di oggi possono risultare in definitiva contributi decisivi ai successi di domani. I profeti nascono prima del loro tempo. In realtà, uno dei vantaggi di questo criterio su quello di un presunto principio universale e prestabilito, consiste nel fatto che esso può imporci di posporre il nostro giudizio o di precisarlo alla luce di eventi non ancora verificatisi. Proudhon, che parlava continuamente di principî morali astratti, finí per assolvere il colpo di Stato di Napoleone III; Marx, che rifiutava il criterio dei principî morali astratti, condannò Proudhon per averlo assolto. È probabile che, disponendo di una prospettiva storica piú ampia, riconosceremo che Proudhon aveva torto e Marx ragione. Il successo di Bismarck costituisce un ottimo punto di partenza per l'esame del problema del giudizio storico. Pur accettando il criterio dell'« efficacia » di sir Isaiah, continuo a rimanere stupito per i limiti ristretti e limitati in cui egli sembra restringere la propria impostazione. La creazione di Bismarck funzionò veramente? Sarei piuttosto incline a pensare che essa si concluse in un immane disastro. Ciò non significa che io stia cercando di condannare Bismarck per aver creato l'Impero tedesco, o la massa di tedeschi che lo desiderò e contribuí alla sua creazione. Tuttavia, in quanto storico, devo ancora pormi varie domande. Il disastro finale si verificò per colpa di qualche crepa occulta nella struttura del Reich? oppure perché vi era qualcosa nella sua situazione interna che lo destinava fin dalla nascita a un atteggiamento aggressivo e arrogante? oppure perché, allorché il Reich fu creato, la scena europea o mondiale era già talmente affollata, e le tendenze espansionistiche delle grandi potenze cosí forti, che la nascita di un'altra grande potenza espansionistica bastò a scatenare un enorme scontro e a distruggere l'intero sistema? Se l'ultima ipotesi fosse vera, sarebbe errato attribuire a Bismarck e al popolo tedesco la responsabilità, o almeno tutta la responsabilità del disastro: non si può dare la colpa alla goccia che fa traboccare il vaso. Ma un giudizio obiettivo sul successo di Bismarck e sulla sua efficacia reale presuppone una risposta da parte dello storico a queste domande, e non sono sicuro che egli sia già in grado di fornire ad esse una risposta definitiva. Vorrei dire che lo storico del 1920-30 era piú prossimo a un giudizio obiettivo dello storico del 1880-90, e che lo storico odierno vi è piú prossimo dello storico del 1920-30; forse, lo storico del 2000 vi sarà giunto ancora piú vicino. Tutto ciò esemplifica la mia tesi secondo cui l'obiettività storica non consiste, né può consistere, in un criterio di giudizio prestabilito e immutabile, esistente qui e ora, ma soltanto in un criterio situato nel futuro, e destinato a evolversi parallelamente allo sviluppo storico. La storia viene ad avere un significato e un'obiettività soltanto allorché essa stabilisce un rapporto coerente tra il passato e il futuro.

A questo punto esaminiamo di nuovo la presunta dicotomia tra fatti e valori. Non si possono far derivare i valori dai fatti. Questa affermazione è in parte vera, ma in parte è falsa. Basta esaminare il sistema di valori dominante in un determinato periodo o in un determinato paese, per rendersi conto fino a che punto esso sia influenzato dai fatti circostanti. In una delle scorse lezioni ho sottolineato il mutevole contenuto storico di termini di tipo assiologico come libertà, eguaglianza o giustizia. Oppure, consideriamo le chiese cristiane in quanto istituzioni intente in larga misura a proclamare valori morali. Si veda come i valori del cristianesimo primitivo differiscano da quelli del papato medievale, o i valori del papato medievale da quelli delle chiese protestanti dell'Ottocento. Oppure, si veda come i valori proclamati ai nostri giorni dalla Chiesa cattolica in Spagna, per esempio, differiscano da quelli proclamati dalle Chiese cristiane negli Stati Uniti. Queste differenze nell'ordine dei valori traggono origine da differenze storiche, di fatto. O ancora, consideriamo i fatti storici che negli ultimi centocinquant'anni hanno fatto sí che la schiavitú o l'ineguaglianza razziale o lo sfruttamento del lavoro infantile – tutte cose considerate in passato moralmente indifferenti se non stimabili – fossero in generale considerate immorali. Affermare che non si possono far derivare i valori dai fatti è, se non altro, unilaterale ed erroneo. Ma possiamo anche rovesciare la nostra affermazione. Non si possono far derivare i valori dai fatti. È un'affermazione parzialmente vera, ma può essere anche sviante, e occorre precisarla. Allorché cerchiamo di conoscere i fatti, le domande che poniamo, e quindi anche le risposte che otteniamo, scaturiscono dal nostro sistema di valori. L'immagine che ci facciamo dei fatti circostanti è plasmata dai nostri valori, cioè dalle categorie attraverso cui ci accostiamo ai fatti: e quest'immagine è uno dei fatti importanti di cui dobbiamo tener conto. I valori s'insinuano nei fatti e ne sono parte integrante. I valori sono una parte essenziale delle nostre facoltà. È attraverso i valori che siamo in grado di adattarci all'ambiente circostante, di adattare l'ambiente a noi e di imparare a dominare l'ambiente – facoltà che hanno fatto sí che la storia dell'uomo sia un susseguirsi di progressi. Ma, non dobbiamo, attraverso la drammatizzazione della lotta dell'uomo con l'ambiente, dar vita a un'antitesi e una scissione inesistenti tra fatti e valori. Nella storia si può attingere il progresso attraverso l'interdipendenza e l'interazione tra fatti e valori. Lo storico obiettivo è lo storico che riesce a cogliere piú in profondità questo mutuo processo.

Una delle vie per risolvere questo problema dei fatti e dei valori ci è data dall'uso che facciamo comunemente della parola « verità » – una parola che sta a cavallo tra il mondo dei fatti e quello dei valori, ed è composta da elementi tratti da entrambi. Non si tratta di una particolarità della lingua inglese. Le parole corrispondenti a *truth* nelle lingue romanze, o il tedesco *Wahrheit*, o il russo *pravda*[1] hanno tutte questo carattere duplice. A quanto pare, ogni lingua si serve di questa parola per designare un'affermazione che non è né un mero dato di fatto, né un mero giudizio di valore, ma un che di intermedio tra i due. Che io sia andato a Londra la settimana scorsa, può essere un dato di fatto. In generale, tuttavia, voi non chiamereste quest'affermazione una verità, in quanto è priva di qualsiasi contenuto assiologico. D'altro canto, allorché i padri fondatori degli Stati Uniti allusero nella dichiarazione d'indipendenza all'ovvia verità che tutti gli uomini sono stati creati uguali, il contenuto assiologico della loro affermazione prevaleva, come capite, sul suo contenuto

[1] Il caso di *pravda* è particolarmente interessante, in quanto esiste in russo un'altra parola che significa «verità», *istina*. Ma non si tratta di una distinzione tra verità in quanto fatto e verità in quanto valore: *pravda* è la verità umana in entrambi i sensi, e *istina* è la verità divina in entrambi i sensi – la verità su Dio e la verità in quanto rivelata da Dio.

fattuale, e in questo senso si può rimanere in dubbio sul carattere di « verità » di quest'asserzione. La verità storica si trova, per dir cosí, tra questi due poli – il polo nord dei fatti privi di valore e il polo sud dei giudizi di valore che stanno ancora lottando per trasformarsi in fatti. Come dissi nella prima lezione, lo storico oscilla tra fatti e interpretazione, tra fatti e valori. Separare questi termini è impossibile. Può darsi che in un mondo statico vi troviate costretti a sanzionare un divorzio tra fatti e valori. Ma in un mondo statico la storia non ha alcun senso. La storia è per sua natura mutamento, movimento o – se non trovate a ridire su questa parola fuori moda – progresso.

Perciò, concludendo, ritorno alla definizione di Acton del progresso come « ipotesi scientifica che condiziona la ricerca storica ». Se volete, potete trasformare la storia in teologia facendo dipendere il significato del passato da qualche potenza extrastorica o sovrarazionale. Potete, se volete, trasformarla in letteratura – una raccolta di racconti e di leggende sul passato, privi di significato e d'importanza. La storia propriamente detta può essere scritta unicamente da coloro che rintracciano una direzione nel processo storico e l'accettano. Il credere che siamo venuti da qualche luogo si lega strettamente al credere che andiamo verso qualche luogo. Una società che ha perduto ogni fiducia nelle proprie capacità di progredire verso il futuro, cessa entro poco tempo di preoccuparsi dei propri progressi passati. Come dissi all'inizio della prima lezione, la concezione che abbiamo della storia riflette la concezione che abbiamo della società. Ritorno quindi al punto di partenza, dichiarando la mia fede nel futuro della società e nel futuro della storia.

Lezione sesta

Verso piú ampi orizzonti

Mi pare che la concezione, proposta in queste lezioni, della storia come processo in continuo movimento, che trascina con sé lo storico, m'impegni a esporre alcune riflessioni, a mo' di conclusione, sulla situazione della storia e dello storico nel nostro tempo. Viviamo in un'età in cui – non per la prima volta nella storia – vi sono nell'aria e gravano su ogni cosa previsioni di catastrofi cosmiche, che non possono essere né dimostrate né confutate. In ogni caso, esse sono molto meno sicure dell'altra previsione che tutti morremo: e dal momento che la certezza di questa previsione non c'impedisce di far piani per il futuro, cosí mi accingerò a esaminare lo stato presente e quello futuro della società in cui viviamo, nel presupposto che il nostro paese – o, se non il nostro paese, qualche parte importante del globo – sopravviva ai rischi che ci minacciano e che la storia continui.

A metà del XX secolo il mondo si trova coinvolto in un processo di trasformazioni che probabilmente è il piú profondo e sconvolgente tra quanti si sono succeduti dopo la rovina del mondo medievale e la nascita del mondo moderno nel Quattrocento e Cinquecento. Senza dubbio, questa trasformazione è, in ultima analisi, il prodotto delle invenzioni e delle scoperte scientifiche, della loro sempre piú larga diffusione, e degli sviluppi che, piú o meno direttamente, traggono origine da esse. L'aspetto piú saliente di questa trasformazione è rappresentato da una rivoluzione sociale paragonabile a quella che, nel Quattrocento e Cinquecento, diede inizio all'ascesa di una nuova classe basata sulla finanza e sul commercio, e piú tardi sull'industria. La nuova struttura dell'industria e della società in cui viviamo presentano problemi troppo ampi perché io li affronti in questa sede. Ma questa trasformazione ha due aspetti che riguardano piú direttamente il nostro tema, e che potrei definire, il primo, trasformazione in profondità, e il secondo, trasformazione dell'orizzonte geografico. Cercherò di esaminare rapidamente entrambi.

La storia inizia allorché gli uomini cominciano a concepire il passare del tempo non piú in termini di processo naturale – il ciclo stagionale, la durata della vita individuale – ma riferendosi a una serie di eventi specifici in cui gli uomini si trovano consapevolmente implicati e su cui sono in grado di influire consapevolmente. La storia, dice Burckhardt, è « la rottura con la natura, provocata dal risveglio della consapevolezza »[1]. La storia è la lunga lotta compiuta dall'uomo, mediante la ragione, per comprendere l'ambiente e agire su di esso. Ma nell'età moderna questa lotta ha assunto un'ampiezza rivoluzionaria. Oggi l'uomo cerca di comprendere e di agire non soltanto sull'ambiente circostante, ma su se stesso: e ciò ha aggiunto, per cosí dire, una nuova dimensione alla ragione, e una nuova dimensione alla storia. La nostra è l'era dalla mentalità piú storica che sia mai esistita. L'uomo moderno è giunto a un grado di autocoscienza, e quindi di consapevolezza della storia, che non ha precedenti nel passato. Egli scruta ansiosamente il crepuscolo da cui è uscito, nella speranza che il suo pallido lucore illumini l'oscurità verso cui procede; inversamente, i desideri e le ansietà ch'egli nutre nei confronti del sentiero che l'attende aguzzano lo sguardo ch'egli rivolge a ciò che gli sta dietro le spalle. Nella catena senza fine della storia s'intrecciano passato, presente e futuro.

La trasformazione del mondo moderno rappresentata dallo sviluppo dell'autocoscienza può essere fatta cominciare con Descartes, che per primo definí l'uomo non solo come essere pensante, ma anche come essere in grado di

[1] J. BURCKHARDT, *Reflections on History*, trad. ingl., 1959, p. 31.

osservarsi nell'atto di osservare, in modo da essere nello stesso tempo il soggetto e l'oggetto del pensiero e dell'atto di osservare. Ma questo sviluppo arrivò a piena maturazione soltanto verso la fine del Settecento, quando Rousseau aprí nuovi abissi di autoanalisi e autocoscienza, e forní all'uomo una nuova immagine del mondo della natura e della civiltà. La Rivoluzione francese, disse Tocqueville, s'ispirò alla « credenza che fosse necessario sostituire il complesso delle leggi tradizionali che regolavano la società del tempo con regole semplici ed elementari desunte dall'esercizio della ragione e dalla legge naturale »[1]. « Fino ad allora – scrisse Acton in uno dei suoi appunti inediti – gli uomini non avevano mai cercato deliberatamente la libertà »[2], giacché per Acton, come per Hegel, libertà e ragione vanno sempre di pari passo. E la Rivoluzione francese si ricollegava alla rivoluzione americana.

« Ottantasette anni or sono i nostri padri diedero vita su questo continente a una nuova nazione, concepita nella libertà, e sotto il segno dell'affermazione: "tutti gli uomini sono stati creati eguali" ».

Si trattava, come suggeriscono queste parole di Lincoln, di un evento irripetibile: per la prima volta nella storia degli uomini si costituirono in nazione in modo deliberato e consapevole, e quindi, in modo deliberato e consapevole, cercarono di inserire in essa altri uomini. Nel Seicento e nel Settecento l'uomo era già divenuto perfettamente cosciente del mondo che lo circondava e delle leggi che lo regolavano. Al posto dei misteriosi decreti di una provvidenza imperscrutabile, vi erano leggi accessibili alla ragione. Ma si trattava di leggi a cui l'uomo era soggetto, non già leggi da lui stesso create. Nella fase successiva l'uomo doveva diventare pienamente consapevole del proprio potere sull'ambiente e su se stesso, e del proprio diritto di creare le leggi che regolano la sua esistenza.

Il passaggio dal Settecento al mondo moderno fu lungo e graduale. Esso fu rappresentato in sede filosofica da Hegel e Marx. La posizione di entrambi è ambivalente. Hegel

[1] A. DE TOCQUEVILLE, *De l'Ancien Régime*, III, cap. I.
[2] Cambridge University Library, Add. Mss. 4870.

è profondamente legato all'idea delle leggi della provvidenza trasformate in leggi della ragione. Lo spirito del mondo di Hegel per un verso si riallaccia saldamente alla provvidenza e per l'altro alla ragione. Riecheggiando Adam Smith, Hegel afferma che gli individui « cercano di soddisfare i propri interessi, ma in tal modo si compie qualcosa di superiore che è latente nella loro azione pur non essendo presente alla loro coscienza ». A proposito degli scopi razionali dello spirito del mondo, egli scrive che gli uomini « nell'atto stesso di realizzarli, hanno il modo di soddisfare i propri desideri, il cui significato non coincide con quegli scopi ». Ma questa non è altro che l'armonia degli interessi tradotta nel linguaggio della filosofia tedesca [1]. L'equivalente hegeliano della « mano occulta » di Smith fu la celebre « astuzia della ragione », che induce gli uomini a lavorare per raggiungere fini ad essi ignoti. Ma nonostante ciò Hegel fu il filosofo della Rivoluzione francese, il primo filosofo che vide l'essenza della realtà nel divenire storico e nello sviluppo dell'autocoscienza. Lo sviluppo storico equivaleva a sviluppo verso il concetto di libertà. Ma, dopo il 1815, lo spirito della Rivoluzione francese finí tra le secche della Restaurazione. Hegel era politicamente troppo cauto e, nell'ultimo periodo della sua vita, troppo saldamente inserito nella buona società del tempo per arrivare a introdurre realtà concrete nelle sue formulazioni metafisiche. La definizione delle dottrine hegeliane data da Herzen – « l'algebra della rivoluzione » – era singolarmente appropriata. Hegel forní le formulazioni astratte, prive di contenuto empirico. Toccò a Marx il compito di aggiungere i numeri alle equazioni algebriche di Hegel.

Marx, che era discepolo tanto di Adam Smith che di Hegel, partí dalla concezione di un mondo retto da leggi di natura razionali. Come Hegel, ma questa volta in forma pratica e concreta, egli pervenne al concetto di un mondo retto da leggi evolventisi attraverso un processo razionale scatenato dall'iniziativa rivoluzionaria dell'uomo. Nella sintesi finale di Marx la storia aveva tre significati, inestri-

[1] Le citazioni sono tratte dalla *Filosofia della storia* di Hegel.

cabilmente connessi fino a formare un'unità razionale e coerente: il moto degli eventi, regolato da leggi obiettive, anzitutto di carattere economico; il parallelo svilupparsi del pensiero mediante un processo dialettico; l'azione parallela sotto forma di lotta di classe che riconcilia e unisce la teoria e la pratica della rivoluzione. Ciò che Marx fornisce è una sintesi di leggi obiettive e di azione consapevole tendente a tradurle in pratica – momenti che talvolta sono definiti (anche se erroneamente) determinismo e volontarismo. Marx parla di continuo di leggi a cui gli uomini sono stati soggetti finora senza averne consapevolezza: e piú di una volta egli attirò l'attenzione su ciò che definí « falsa coscienza » degli individui impigliati nell'economia e nella società capitalistiche: « le concezioni relative alle leggi di produzione che si formano nelle menti dei funzionari della produzione e della circolazione del capitale differiscono largamente dalle leggi reali »[1]. Ma negli scritti di Marx si trovano esempi molto interessanti di esortazioni a una azione rivoluzionaria consapevole. « I filosofi si sono limitati a interpretare il mondo in varie maniere » suona la celebre tesi su Feuerbach « il problema è di cambiarlo ». « Il proletariato – annunciò il *Manifesto dei comunisti* – si servirà del suo potere politico per privare progressivamente la borghesia di ogni capitale, e per concentrare tutti i mezzi di produzione nelle mani dello Stato ». E ne *Il 18 Brumaio di Luigi Bonaparte* Marx parlò di « consapevolezza intellettuale che nel corso di un processo secolare avrebbe dissolto le idee tradizionali ». Sarebbe stato il proletariato a disciogliere la falsa coscienza della società capitalista, e a introdurre la nuova coscienza della società senza classi. Ma la sconfitta delle rivoluzioni del 1848 significò un grave e drammatico arresto degli sviluppi che erano apparsi imminenti allorché Marx aveva iniziato la sua attività. L'ultima parte dell'Ottocento trascorse in un'atmosfera che era ancora caratterizzata fondamentalmente da prosperità e sicurezza. Soltanto verso la fine del secolo si compí il trapasso verso l'età contemporanea, in cui la funzione principale della ragione non consiste piú

[1] *Il Capitale*, III (trad. ingl., 1909, p. 369).

nel comprendere le leggi obiettive che regolano il comportamento dell'uomo in società, ma piuttosto di riplasmare mediante un'azione consapevole la società e gli individui che la compongono. In Marx la « classe », quantunque non venga definita precisamente, rimane in complesso una nozione obiettiva determinabile grazie all'analisi economica. In Lenin, l'accentuazione viene portata dalla « classe » al « partito », che costituisce l'avanguardia della classe e infonde in essa l'elemento necessario della coscienza di classe. In Marx « ideologia » è un termine negativo – un prodotto della falsa coscienza del regime capitalistico. In Lenin « ideologia » assume un valore neutro o positivo – denotando una concezione istillata da un'élite di capi coscienti dei propri interessi di classe in una massa di operai solo potenzialmente coscienti. La formazione di una coscienza di classe ha cessato di essere un processo automatico, ed è diventato un compito preciso da svolgere.

L'altro grande pensatore del nostro tempo che ha aggiunto una nuova dimensione alla ragione è Freud. Ancor oggi Freud rimane una figura in qualche modo enigmatica. Per educazione e per ambiente egli era un individualista liberale ottocentesco, e accettava indiscriminatamente la comune, ma erronea ipotesi di un'antitesi fondamentale tra individuo e società. Nel considerare l'uomo come un'entità biologica anziché sociale, Freud inclinò a vedere l'ambiente sociale come qualcosa di storicamente dato, e non soggetto a un costante processo di creazione e trasformazione da parte dell'uomo stesso. Egli è sempre stato attaccato dai marxisti per aver considerato dei problemi che sono in realtà dei problemi sociali dall'angolo visuale dell'individuo, e su questa base l'hanno condannato come reazionario. Quest'accusa, che nei confronti di Freud stesso era solo in parte valida, si è dimostrata ben piú giustificata nei confronti dell'attuale scuola neofreudiana statunitense, che suppone che le storture ineriscano agli individui e non alla struttura sociale, e vede nell'adattamento dell'individuo alla società la funzione essenziale della psicologia. L'altra accusa lanciata generalmente contro Freud, e cioè di aver esteso la funzione dell'irrazionale nelle vicende umane, è assolutamente falsa, e deriva da una rozza confusione tra culto dell'irrazionale e individuazione dell'importanza dell'irrazionale nel comportamento umano. Che oggi nel mondo anglosassone esista realmente un culto dell'irrazionale, soprattutto sotto forma di svalutazione delle mete e delle possibilità della ragione, è purtroppo vero: esso fa parte dell'attuale ondata di pessimismo e di arciconservatorismo, di cui parlerò tra poco. Ma questo atteggiamento non deriva da Freud, che era un razionalista ingenuo e abbastanza rozzo. Freud estese l'orizzonte della nostra conoscenza portando le radici inconsce del comportamento umano al livello della coscienza e aprendole all'indagine razionale. Si trattò di un'estensione del dominio della ragione, di un aumento della capacità dell'uomo di comprendere e controllare se stesso, e di conseguenza l'ambiente circostante; si trattò, in conclusione, di una conquista rivoluzionaria e progressiva. Da questo punto di vista Freud, lungi dal contraddire, integra l'opera di Marx. Freud appartiene al mondo contemporaneo nel senso che, pur non sottraendosi a sua volta del tutto alla concezione di una natura umana fissa e immutabile, forní degli strumenti per una piú approfondita conoscenza delle radici delle azioni umane, e, di conseguenza, per una loro consapevole modificazione in senso razionale.

Dal punto di vista dello storico, la specifica importanza di Freud è duplice. In primo luogo, Freud ha definitivamente sepolto l'antica illusione secondo cui le motivazioni in base a cui gli uomini credono o sostengono di aver agito, sarebbero davvero adatte a spiegare le loro azioni. Si tratta di un successo negativo abbastanza importante, quantunque la pretesa positiva di alcuni entusiasti di gettar luce sulle azioni dei grandi personaggi della storia con i metodi della psicoanalisi, dev'essere accolta *cum grano salis*. Il procedimento psicoanalitico si fonda sull'interrogatorio del paziente che è soggetto all'analisi: ed è impossibile interrogare i morti. In secondo luogo, Freud, consolidando l'insegnamento di Marx, ha indotto lo storico a esaminare se stesso e la propria posizione storica, i motivi, piú o meno occulti, che l'hanno guidato nella scelta del tema o del periodo della sua ricerca, nella scelta e nella interpretazione dei fatti, il contesto nazionale e sociale che ha determinato il suo angolo visuale, e la concezione del futuro che ha plasmato la sua concezione del passato. Dopo Marx e Freud, lo storico non può piú permettersi di pensare a se stesso come a un individuo isolato posto al di fuori della società e della storia. La nostra è l'età dell'autocoscienza: e lo storico può e deve sapere ciò che sta facendo.

Questa fase di transizione verso ciò che ho definito « mondo contemporaneo » – l'estensione della funzione e del potere della ragione a nuovi ambiti – non è ancora compiuta. Essa è parte della trasformazione rivoluzionaria che il secolo ventesimo sta vivendo. Esaminerò ora alcuni dei sintomi piú importanti di questo processo.

Cominciamo dall'economia. Fino al 1914 il concetto di leggi economiche oggettive, determinanti il comportamento economico di individui e di nazioni, e sottratte al controllo di questi e di quelle, era ancora sostanzialmente indiscusso. L'andamento degli scambi commerciali, le fluttuazioni dei prezzi, la disoccupazione, erano determinati da queste leggi. Nel 1930, all'inizio della grande crisi, questa era ancora la concezione dominante. Da allora la situazione mutò rapidamente. Nel decennio 1930-40 si cominciò a parlare di « fine dell'*homo oeconomicus* », cioè dell'uomo intento a perseguire i propri interessi economici in conformità alle leggi economiche; e da allora nessuno, se si eccettuano alcuni pochi Rip Van Winkle del XIX secolo, crede piú all'esistenza di leggi economiche in questo senso. Oggi la scienza economica è diventata o una serie di equazioni matematiche teoriche, o lo studio pratico di come alcune persone determinino il comportamento di tutte le altre. Questa trasformazione è sostanzialmente il prodotto del passaggio dal capitalista singolo al capitalismo fondato sui trust. Finché predominavano il singolo imprenditore e il mercante, nessuno sembrava in grado di controllare l'economia o di influire su di essa in modo rilevante: in tal modo si perpetuava l'illusione che esistessero leggi e processi di natura impersonale, oggettiva. Perfino la Banca d'Inghilterra, nei giorni della sua massima potenza, era considerata non già come un abile operatore economico, ma come un registratore oggettivo e semiautomatico delle tendenze economiche. Ma quest'illusione si dissolse col passaggio da un'economia di liberismo puro a una economia regolata (capitalista o socialista, regolata da cartelli o da ditte, private solo di nome, oppure regolata dallo Stato). È ormai chiaro che alcuni individui prendono certe decisioni per certi fini, e che queste decisioni determinano il nostro comportamento economico. Oggi, tutti sanno che il prezzo dell'olio o del sapone non varia in relazione a una legge oggettiva della domanda e dell'offerta. Tutti sanno, o credono di sapere, che le recessioni e la disoccupazione sono opera dell'uomo: e i governi ammettono di sapere come porvi rimedio, anzi se ne vantano. Si è passati dal *laissez-faire* alla pianificazione, dall'incoscienza alla coscienza, dal concetto di leggi economiche oggettive alla convinzione che l'uomo può, con le proprie azioni, dominare il proprio destino economico. La politica sociale si è intrecciata alla politica economica, anzi la prima ha inglobato entro di sé la seconda. Citerò un passo dell'ultimo volume della prima *Cambridge Modern History*, pubblicata nel 1910 – un'osservazione molto acuta fatta da uno studioso che era tutt'altro che un marxista e che probabilmente non aveva mai sentito parlare di Lenin:

« La convinzione di poter riformare la società mediante uno sforzo consapevole è l'atteggiamento predominante nella cultura europea, e ha soppiantato la fede nella libertà come unica panacea... La sua voga attuale è altrettanto importante e significativa della concezione dei diritti dell'uomo al tempo della Rivoluzione francese »[1].

Oggi, che sono trascorsi cinquant'anni dal momento in cui questo passo fu scritto, piú di quarant'anni dopo la Rivoluzione russa, e trent'anni dopo la grande crisi, questa convinzione è diventata un luogo comune. Mi sembra che il passaggio dalla soggezione a leggi economiche oggettive che, nonostante la loro pretesa razionalità, erano sottratte al controllo degli uomini, alla convinzione che gli uomini possano controllare il proprio destino economico mediante un'azione consapevole, rappresenti un avanza-

[1] *Cambridge Modern History*, XII, 1910, p. 15; l'autore del capitolo era S. Leathes, uno dei curatori della *History*, nonché funzionario dell'amministrazione statale.

mento nell'applicazione della ragione ai problemi dell'uomo, e un accrescimento della capacità di comprendere e dominare se stesso e l'ambiente circostante – il che sono pronto a chiamare, se necessario, col nome antiquato di progresso.

Mi manca lo spazio per soffermarmi in modo particolareggiato sui processi analoghi che si sono svolti negli altri settori. Come abbiamo visto, perfino la scienza si preoccupa meno, oggi, di investigare e formulare leggi naturali oggettive, che non di porre ipotesi di lavoro che mettano l'uomo in grado di piegare la natura ai propri intenti e di trasformare l'ambiente. Cosa ancora piú importante, l'uomo è diventato capace, grazie all'esercizio consapevole della ragione, non solo di trasformare l'ambiente ma anche di trasformare se stesso. Alla fine del Settecento Malthus, in un'opera decisiva, tentò di formulare leggi demografiche oggettive, agenti, come le leggi di mercato di Adam Smith, in modo del tutto indipendente dalla consapevolezza umana. Oggi nessuno crede piú a simili leggi di natura oggettiva, ma il controllo della popolazione è divenuto un problema di legislazione sociale razionale e consapevole. Nel nostro tempo abbiamo visto, grazie agli sforzi degli uomini, allungarsi la durata della vita umana, e modificarsi i rapporti tra le varie generazioni che compongono la popolazione. Abbiamo sentito parlare di medicinali impiegati scientemente al fine di modificare il comportamento umano, e di operazioni chirurgiche volte a modificare il carattere. Sotto i nostri occhi l'uomo e la società sono cambiati, e questo cambiamento è stato frutto di uno sforzo consapevole degli uomini. Ma tra tutte queste trasformazioni le piú importanti sono state, probabilmente, quelle provocate dallo sviluppo e dall'adozione dei metodi moderni di persuasione e d'insegnamento. A ogni livello, oggi, gli educatori si preoccupano sempre piú consapevolmente di portare il loro contributo perché la società venga plasmata in un determinato modo, e d'inculcare nella generazione che sorge atteggiamenti, valori e opinioni adeguati a quel tipo di società. La politica scolastica è parte integrante di ogni legislazione sociale razionalmente pianificata. La funzione principale della ragione, in quanto applicata all'uomo vivente in società, non è piú soltanto di indagare ma anche di trasformare: e questa accresciuta consapevolezza della capacità dell'uomo di migliorare il controllo dei problemi sociali, economici e politici mediante l'applicazione di processi razionali mi sembra uno degli aspetti principali della rivoluzione del XX secolo.

Quest'espandersi della ragione non è altro che un aspetto del processo che in una delle scorse lezioni ho definito « individualizzazione » – quella diversificazione delle capacità individuali, delle occupazioni e delle possibilità offerte a ciascun individuo, che è il portato di una civiltà in fase di progresso. Forse la conseguenza sociale piú profonda della rivoluzione industriale è stata il progressivo aumento del numero di coloro che imparano a pensare, a fare uso della propria ragione. La passione inglese per il gradualismo è tale che, da noi, questo movimento talvolta è appena percettibile. Per quasi un secolo abbiamo riposato sugli allori dell'istruzione elementare obbligatoria, e non siamo andati molto lontani, né a un passo molto rapido, sulla via dell'istruzione superiore. Questo importava poco finché eravamo il primo paese del mondo, ma è ben piú grave oggi, in cui siamo stati sorpassati da altri paesi piú veloci e in cui dovunque la corsa è stata accelerata dalla trasformazione tecnologica. La rivoluzione sociale, quella tecnologica e quella scientifica sono infatti parti integranti di un unico processo. Se volete un esempio di questo processo di individualizzazione in campo universitario, considerate l'enorme diversificazione verificatasi negli ultimi cinquanta o sessant'anni nella storiografia, nella scienza o nelle varie scienze particolari, e il numero incredibilmente maggiore di specializzazioni che ognuno di questi settori presenta. Ma è possibile fornire un esempio molto piú impressionante di questo processo, a un livello diverso. Piú di trent'anni fa un alto ufficiale dell'esercito tedesco nel visitare l'Unione Sovietica intese da un ufficiale addetto alla formazione dei quadri dell'aviazione alcune osservazioni illuminanti:

« Noi russi abbiamo a che fare con un materiale umano ancora primitivo. Siamo costretti a adattare gli aeroplani al tipo di piloti che abbiamo a disposizione. Nella misura in cui riusciremo a sviluppare un nuovo tipo di uomini, potremo perfezionare anche lo sviluppo tecnico del materiale. I due fattori si condizionano reciprocamente. Non si possono mettere uomini primitivi alla guida di macchine complicate »[1].

Oggi, dopo appena una generazione, sappiamo che le macchine russe non sono piú primitive, come non sono piú primitivi i milioni di uomini e donne russi che progettano, costruiscono e manovrano queste macchine. In quanto storico, sono piú interessato a quest'ultimo fenomeno. La razionalizzazione della produzione implica qualcosa di molto piú importante – la razionalizzazione dell'uomo. Oggi in tutto il mondo uomini primitivi imparano a servirsi di macchine complicate, e nel far ciò imparano a pensare e a servirsi della propria ragione. Questa rivoluzione, che può a buon diritto essere definita una rivoluzione sociale, ma che in questo contesto chiamerò « espansione della ragione », è appena agli inizi. Tuttavia essa avanza a passo vertiginoso per tener dietro ai vertiginosi progressi tecnologici dell'ultima generazione. Essa mi sembra uno degli aspetti piú significativi della rivoluzione del XX secolo.

I pessimisti e gli scettici non mancherebbero di richiamarmi all'ordine se a questo punto evitassi di sottolineare i rischi e gli aspetti ambigui della funzione assegnata alla ragione nel mondo contemporaneo. In una delle scorse lezioni ho sottolineato che l'aumento dell'individualizzazione nel senso già descritto non implica necessariamente un affievolirsi delle pressioni sociali tendenti al conformismo e al livellamento della personalità. Si tratta, in realtà, di uno dei paradossi della complessa società in cui viviamo. L'istruzione, che è uno strumento potente ed indispensabile per promuovere l'espansione delle capacità e delle possibilità individuali, è nello stesso tempo un potente strumento nelle mani dei gruppi che hanno interesse a diffondere il conformismo. Si sentono spesso lamentele contro il livello della stampa, o delle trasmissioni radiofo-

[1] « Vierteljahrshefte für Zeitgeschichte », I (München 1953), p. 38.

niche o televisive, in riferimento ad alcuni fenomeni negativi che è facile condannare. Ma queste lamentele si trasformano rapidamente in richieste di servirsi di questi potenti strumenti di persuasione di massa allo scopo di inculcare gusti e opinioni auspicabili – secondo un canone rappresentato dai gusti e dalle opinioni correnti. Tali campagne sono, nelle mani di chi le promuove, processi razionali e consapevoli volti a plasmare la società, attraverso i suoi componenti, nel senso desiderato. Altri esempi evidenti di questi rischi sono rappresentati dalla pubblicità commerciale e dalla propaganda politica. In realtà, i due fenomeni spesso si identificano: alla luce del sole negli Stati Uniti, e un po' piú timidamente in Inghilterra, partiti e candidati ricorrono per avere successo ai tecnici pubblicitari. Ma anche quando sono formalmente distinte, le due tecniche sono molto simili. I tecnici pubblicitari e i responsabili delle sezioni di propaganda dei grandi partiti politici sono individui estremamente intelligenti che impiegano tutte le risorse intellettuali di cui dispongono per portare a compimento il proprio compito. Tuttavia, come nei casi esaminati finora, la ragione è adoperata in questo caso non a scopi meramente speculativi, ma costruttivi, non statici ma dinamici. I tecnici pubblicitari e gli organizzatori delle campagne elettorali non si preoccupano, in prima istanza, dei fatti esistenti. Essi s'interessano a ciò che crede o vuole l'elettore o il consumatore solo nella misura in cui ciò entra a far parte del prodotto finito, vale a dire ciò che il consumatore o l'elettore può, dopo un'opportuna manipolazione, essere indotto a credere o a desiderare. Inoltre, lo studio della psicologia di massa ha mostrato loro che il modo piú rapido di far accettare le proprie concezioni consiste nel far appello, nell'imbonimento del cliente e dell'elettore, all'elemento irrazionale, cosicché il quadro che ci troviamo dinanzi è costituito da una élite di industriali o di capipartito che, mediante processi razionali giunti a un grado di complessità senza precedenti, raggiunge i propri scopi penetrando e traendo profitto dall'irrazionalità delle masse. Non è alla ragione che ci si rivolge in primo luogo: piuttosto, si ricorre al metodo che Oscar Wilde chiamò « deprezzamento dell'intelligenza ».

Ho già dipinto questo quadro a colori anche troppo foschi, e pertanto non sarò accusato di sottovalutare questo pericolo [1]. Ma in complesso si tratta di un'immagine corrispondente alla realtà, e che potrebbe essere riferita senza sforzo ad altri campi. In ogni società, i gruppi dominanti si servono di metodi piú o meno coercitivi per organizzare e controllare l'opinione delle masse. Questo metodo appare peggiore di altri in quanto costituisce un abuso della ragione.

A quest'accusa grave e ben fondata ho soltanto due argomenti da opporre. Il primo, è quello ben noto secondo cui ogni invenzione, innovazione, scoperta tecnica fatta nel corso della storia ha sempre avuto, accanto ai lati positivi, dei lati negativi. Il costo ricade sempre su qualcuno. Non so quanto tempo dovette passare dall'invenzione della stampa perché sorgessero delle voci critiche che l'accusavano di facilitare la diffusione di opinioni erronee. Oggi è un luogo comune lamentare il cumulo di morti sulle strade provocato dall'avvento dell'automobile; e esistono perfino scienziati che deplorano di aver scoperto il modo di far sprigionare l'energia atomica, a causa degli usi catastrofici che se ne potrebbero fare, e se ne sono fatti in realtà. In passato simili obiezioni non sono riuscite ad arrestare il cammino delle invenzioni e delle scoperte, ed è improbabile che vi riescano nel futuro. Non è facile dimenticare ciò che abbiamo appreso sulle tecniche e le possibilità della propaganda di massa. Né è possibile ritornare alla democrazia individualistica su scala ridotta, teorizzata dai seguaci di Locke o dai liberali, e parzialmente realizzata in Gran Bretagna verso la metà dell'Ottocento, come non è possibile ritornare alle carrozze a cavalli o al primo capitalismo fondato sul *laissez-faire*. Ma il vero modo di rispondere è di ricordare che questi mali portano con sé il proprio antidoto. Il rimedio non consiste nel culto dell'irrazionale o nella rinuncia alla piú ampia funzione della ragione nella società moderna, ma in una maggiore consapevolezza, in basso come in alto, della funzione che

[1] Per un'analisi piú diffusa di questo problema, cfr. di chi scrive *The New Society*, 1951, cap. 4, *passim*.

la ragione può svolgere. In un'età in cui la rivoluzione scientifica e tecnologica ha imposto un sempre maggior impiego della ragione a tutti i livelli della società, questo non è un sogno utopistico. Analogamente a tutti i grandi progressi verificatisi nella storia, questo progresso ha dei costi e delle perdite, che devono essere pagati, e dei rischi a cui bisogna far fronte. Eppure, a dispetto degli scettici, dei cinici, dei profeti di sventura diffusi soprattutto tra gli intellettuali dei paesi che stanno abbandonando la posizione privilegiata detenuta in precedenza, non mi vergognerò di vedere in tutto ciò un esempio cospicuo di progresso storico. Forse si tratta del fenomeno piú stupefacente e rivoluzionario del nostro tempo.

Il secondo aspetto della rivoluzione progressiva che stiamo vivendo è rappresentato dalla trasformazione del mondo in cui viviamo. La grande età del Quattro e Cinquecento, durante la quale il mondo medievale rovinò definitivamente e si gettarono le fondamenta del mondo moderno, fu contrassegnata dalla scoperta di nuovi continenti e dal trasferimento del centro di gravità del globo dalle coste del Mediterraneo a quelle dell'Atlantico. Anche il rivolgimento di minor portata costituito dalla Rivoluzione francese ebbe una conseguenza geografica, in quanto chiamò il nuovo mondo a ristabilire l'equilibrio del vecchio. Ma le trasformazioni provocate dalla rivoluzione del XX secolo sono di gran lunga piú profonde di tutte quelle verificatesi dal Cinquecento in poi. Dopo quasi quattrocento anni l'Europa occidentale ha cessato definitivamente di essere il centro di gravità del globo. Insieme alle zone periferiche del mondo di lingua inglese, essa è divenuta appannaggio del continente nordamericano, o, se preferite, un agglomerato in cui gli Stati Uniti funzionano nello stesso tempo da centro produttore di forza motrice e da torre di controllo. Ma questa non è l'unica trasformazione, e neppure la piú importante. Non è affatto evidente che il centro di gravità del globo sia attualmente, o debba continuare per molto tempo ad essere, nel mondo anglosassone con le sue frange europeo-occidentali. A quanto pare, è la grande massa continentale dell'Europa orientale e dell'Asia che oggi dà il *la* alla politica mondiale. Oggi, il « fatalismo orientale » è un luogo comune singolarmente logoro.

Diamo un rapido sguardo agli avvenimenti svoltisi in Asia nel corso di questo secolo. La nostra storia inizia con l'alleanza anglo-giapponese del 1902, che ammetteva per la prima volta un paese asiatico nel cerchio magico delle grandi potenze europee. Forse, il fatto che il Giappone, subito dopo la propria promozione, sfidasse e sconfiggesse la Russia, e nel far ciò, accendesse la scintilla che scatenò la grande rivoluzione del XX secolo, fu soltanto una coincidenza. Le rivoluzioni francesi del 1789 e del 1848 avevano trovato imitatori in Europa. La prima Rivoluzione russa del 1905 non ebbe alcuna eco in Europa, mentre trovò imitatori in Asia: entro pochi anni scoppiarono rivoluzioni in Persia, in Turchia e in Cina. La prima guerra mondiale non fu una guerra mondiale in senso proprio, bensí una guerra civile europea – posto che esistesse un'entità come l'Europa – che ebbe conseguenze di portata mondiale, tra cui l'aver stimolato lo sviluppo industriale di molti paesi dell'Asia, l'aver dato impulso allo sciovinismo cinese e al nazionalismo indiano, e aver fatto nascere il nazionalismo arabo. La Rivoluzione russa forní un impulso ulteriore e decisivo a questo processo. La sua importanza fu data dal fatto che i suoi capi continuarono a cercare, senza successo, imitatori in Europa, e finirono per trovarli in Asia. Era l'Europa ad essere diventata « immobile », mentre l'Asia era in movimento. Non c'è bisogno di proseguire questo racconto ben noto fino ai nostri giorni. È probabile che lo storico non sia ancora in grado di giudicare l'ambito e la portata della rivoluzione asiatica e africana. Tuttavia, la diffusione dei processi tecnologici e industriali moderni, e di un principio di istruzione e di consapevolezza politica, tra i milioni di uomini che popolano l'Asia e l'Africa, sta trasformando il volto di questi continenti. Il futuro mi è ignoto: ma da qualsiasi punto di vista questi eventi mi appaiono, in una prospettiva di storia mondiale, un fenomeno progressivo. Il trasformarsi dello scacchiere mondiale in seguito ad essi ha provocato la diminuzione del peso politico relativo del nostro paese, e forse dei paesi anglosassoni, nel quadro politico generale. Ma decadenza relativa non significa decadenza assoluta: e ciò che mi preoccupa non è il progresso sempre crescente dell'Asia e dell'Africa, bensí la tendenza dei gruppi dirigenti del nostro paese – ma forse si tratta di un atteggiamento diffuso – di guardare con occhio cieco o privo di comprensione a questi processi, adottando nei loro confronti un atteggiamento che oscilla tra una sdegnosa diffidenza e una paternalistica condiscendenza, e affondando sempre piú in una paralizzante nostalgia del passato.

Quella che ho chiamato espansione della ragione nel nostro secolo ha, per lo storico, conseguenze particolarmente notevoli: giacché espansione della ragione significa, in sostanza, l'emergere alla storia di gruppi, classi, popoli e continenti che finora ne erano esclusi. Nella prima lezione avanzai l'ipotesi che la tendenza degli storici medievali a guardare la società del Medioevo attraverso le lenti della religione era dovuta al carattere unilaterale delle fonti a loro disposizione. Vorrei riprendere e sviluppare questa osservazione. È stato affermato – non a torto, credo, anche se con una certa esagerazione – che la Chiesa era « l'unica istituzione razionale del Medioevo » [1]. Ma, dato che era l'unica istituzione razionale, essa era anche l'unica istituzione che avesse una storia, e fosse soggetta a uno sviluppo razionale tale da poter essere comprensibile allo storico. La società laica era plasmata e organizzata dalla Chiesa, e non aveva una vita razionale sua propria. Le masse popolari appartenevano, come le popolazioni preistoriche, piú alla natura che alla storia. La storia moderna comincia allorché i popoli acquistano una consapevolezza sociale e politica sempre maggiore, diventando coscienti dei gruppi che li compongono come entità storiche aventi un passato e un futuro loro propri, ed entrando cosí compiutamente nella storia. Non sono piú di duecento anni, anche nei pochi paesi progrediti, che la consape-

[1] A. VON MARTIN, *The Sociology of the Renaissance*, trad. ingl., 1945, p. 18.

volezza sociale, politica e storica ha cominciato a diventar patrimonio della maggioranza, o quasi, della popolazione. Soltanto oggi è diventato possibile per la prima volta immaginare un mondo composto di popoli entrati tutti a far parte della storia, nel senso piú pieno del termine, e divenuti perciò competenza dello storico, e non piú del funzionario coloniale o dell'antropologo.

Si tratta di una rivoluzione nella nostra concezione della storia. Nel Settecento la storia era ancora una storia di élites. Nell'Ottocento gli storici inglesi cominciarono, in maniera timida e discontinua, a incamminarsi verso una concezione della storia come storia della comunità nazionale. Uno storico abbastanza superficiale come J. R. Green, giunse alla notorietà scrivendo la prima *Storia del popolo inglese*. Nel nostro secolo ogni storico porge un'adesione formale a questa concezione: e, anche se i risultati non sono all'altezza di queste dichiarazioni, non mi soffermerò su queste manchevolezze, giacché mi interessa molto di piú l'incapacità di noi storici di prestare attenzione all'ampliarsi dell'orizzonte della storia, al di là dei confini del nostro paese e della stessa Europa occidentale. Nella sua relazione del 1896 Acton definí storia universale quella che « è distinta dalla somma delle storie dei vari paesi ». E continuò:

« Essa si muove secondo un ritmo in cui le nazioni rappresentano l'elemento secondario. Le loro vicende non vanno narrate in sé e per sé, ma riferite e subordinate a un processo piú elevato, a seconda del tempo e della misura in cui esse contribuiscono alle sorti comuni dell'umanità »[1].

Non ho ancora detto che per Acton la storia universale, come egli la intendeva, era il compito di ogni storico serio. Che cosa facciamo, oggi, per facilitare l'impostazione della ricerca in termini di storia universale, nel senso anzidetto?

In queste lezioni non intendo soffermarmi sull'insegnamento della storia in questa università: tuttavia esso for-

[1] *Cambridge Modern History: Its Origin, Authorship and Production*, 1907, p. 14.

nisce esempi cosí lampanti di ciò che sto cercando di dire, che evitare di affrontare il problema di petto sarebbe viltà. Da quarant'anni abbiamo dato un notevole spazio nei nostri programmi alla storia degli Stati Uniti. Si tratta di un progresso notevole. Ciò, tuttavia, ha rischiato di affiancare alla visuale storica limitatamente inglese, che costituisce già un notevole difetto dei nostri programmi, una visuale storica limitata ai paesi anglosassoni, piú insidiosa e altrettanto pericolosa. Senza dubbio la storia del mondo anglosassone negli ultimi quattro secoli ha rappresentato un grande periodo storico. Ma vedere in esso il centro della storia universale, e considerare tutto il resto come qualcosa di marginale, è un malaugurato errore di prospettiva. Un'università ha il compito di rettificare queste deformazioni diffuse. Ma non mi pare che l'insegnamento della storia moderna in questa università sia all'altezza di questo compito. È indubbiamente un errore che uno studente possa prendere una laurea in storia in un'università importante senza disporre di un'adeguata conoscenza di almeno una lingua straniera; badiamo a ciò che è successo a Oxford a una disciplina antica e venerata come la filosofia, allorché i suoi adepti giunsero alla conclusione che potevano cavarsela benissimo soltanto con la lingua d'ogni giorno [1]. È indubbiamente un errore che non venga data allo studente la possibilità di studiare la storia moderna di un qualsiasi paese europeo a un livello non manualistico. Uno studente che abbia una certa conoscenza dei problemi politici dell'Asia, dell'Africa o dell'America latina ha, oggi, ben poca possibilità di darne prova, se messo di fronte a un tema intitolato, con stile magniloquente tipicamente ottocentesco, « L'espansione dell'Europa ». Purtroppo il titolo corrisponde al contenuto: lo studente non è tenuto neppure a saper qualcosa di paesi che hanno una storia importante e riccamente documentata come la Cina e la Persia, tranne quello che accadde ad essi allorché gli Europei cercarono di impadronirsene. Sento dire che in questa università esistono corsi di lezioni sulla storia della Russia, della Persia e della Cina – ma non da mem-

[1] [Si allude qui alla filosofia analitica, o analisi del linguaggio].

bri della facoltà di storia. Alla convinzione espressa dal professore di cinese nella sua prolusione di cinque anni fa, e cioè che « la Cina non può essere considerata come un'entità estranea al corso principale della storia umana »[1], gli storici di Cambridge hanno fatto orecchie da mercante. Quella che probabilmente verrà considerata la maggiore opera storica composta a Cambridge nell'ultimo decennio, è stata scritta del tutto al di fuori del dipartimento di storia, e senza ricevere da esso alcuna assistenza: alludo a *Science and Civilization in China* del dottor Needham. Questo è un pensiero tranquillizzante. Non avrei lavato in pubblico i nostri panni sporchi se non li credessi tipici dello stato della maggior parte delle università inglesi, e in generale degli intellettuali inglesi a metà del ventesimo secolo. Oggi, la vecchia e stantia battuta sull'insularità vittoriana « Tempeste nella Manica – l'Europa continentale è isolata », ha un suono tristemente attuale. Ancora una volta le tempeste imperversano nel mondo circostante, e mentre noi, abitanti dei paesi anglosassoni, ci rannicchiamo e ci diciamo nella lingua d'ogni giorno che gli altri paesi e gli altri continenti si trovano esclusi dalle delizie della nostra civiltà, per il loro straordinario comportamento, viene il dubbio che siamo noi, per la nostra incapacità o cattiva volontà di comprendere, ad esserci isolati da ciò che avviene realmente nel mondo.

Proprio all'inizio della mia prima lezione ho sottolineato la profonda differenza tra l'atteggiamento dominante verso la metà del ventesimo secolo da quello dominante verso la fine dell'Ottocento. Vorrei, giunto alla conclusione, ritornare su questo tema: e se in questo contesto mi servirò dei termini « liberale » e « conservatore », sarà immediatamente evidente che essi non designano qui i partiti politici inglesi. Quando Acton parlava di progresso, non si serviva del ben noto concetto inglese di « gradualismo ». « La rivoluzione, o, come si suol dire, il liberalismo », egli scriveva – e la frase è sorprendente – in

[1] E. G. PULLEYBLANK, *Chinese History and World History*, 1955, p. 36.

una lettera del 1887. « Il metodo del progresso moderno – egli disse in una lezione sulla storia moderna di dieci anni successiva – era rivoluzionario »: e in un'altra lezione alluse all'« avvento delle idee generali che chiamiamo rivoluzione ». Questo passo si spiega alla luce di uno dei suoi appunti manoscritti ancora inediti: « I whig governavano coi compromessi; con i liberali inizia il regno delle idee »[1]. Acton credeva che « regno delle idee » fosse uguale a liberalismo, e che liberalismo fosse uguale a rivoluzione. Durante la sua vita il liberalismo non cessò di essere una forza dinamica di trasformazione sociale. Oggi, le sopravvivenze del liberalismo sono diventate ovunque un fattore di conservazione sociale. Bandire, oggi, un ritorno a Acton, sarebbe assurdo. Ma lo storico ha il compito, primo, di stabilire la posizione di Acton, secondo, di porre a confronto la sua posizione con quella dei pensatori contemporanei, e, terzo, di vedere quali aspetti della sua posizione possano avere una validità anche oggi. Senza dubbio la generazione di Acton aveva il torto di essere troppo presuntuosamente ottimista e sicura di sé, e non comprendeva a sufficienza il carattere precario della struttura su cui quella fiducia poggiava. Tuttavia, essa aveva due qualità di cui oggi abbiamo un enorme bisogno: il senso del mutamento come fattore storico progressivo, e la fede nella ragione come guida per la comprensione delle complessità della storia.

Sentiamo adesso qualche voce degli anni attorno al 1950. In una delle scorse lezioni citai l'espressione di soddisfazione di sir Lewis Namier, per il fatto che, mentre si cercavano « soluzioni pratiche » per « problemi concreti »,

[1] Per questi passi cfr. J. ACTON, *Selections from Correspondence*, 1917, p. 278; *Lectures on Modern History*, 1906, pp. 4, 32; Add. Mss 4949 (nella Cambridge University Library). Nella lettera del 1887 citata piú sopra, Acton pone come segno del passaggio dai « vecchi whig » ai « nuovi » (cioè i liberali) la « scoperta della coscienza »: qui la « coscienza » è evidentemente ricollegata allo sviluppo della « consapevolezza » (cfr. sopra, p. 144) e corrisponde al « regno delle idee ». Anche Stubbs divise la storia moderna in due periodi, separati dalla Rivoluzione francese: « il primo è una storia di potenze, di forze e di dinastie; il secondo, è una storia in cui le idee prendono il posto dei diritti e delle forme » (W. STUBBS, *Seventeen Lectures on the Study of Mediaeval and Modern History*, 3ª ed., 1900, p. 239).

« entrambi i partiti dimenticano programmi e ideali », e ricordai che egli vedeva in tutto ciò un sintomo della « maturità del paese »[1]. Queste analogie tra l'arco dell'esistenza degli individui e quello delle nazioni non mi piacciono molto; se qualcuno si serve di questa analogia, si è tentati di chiedere che cosa succede quando la fase della « maturità » è trascorsa. Ma ciò che mi interessa è la netta contrapposizione posta tra la concretezza e la praticità, che vengono elogiate, e i « programmi e gli ideali », che vengono condannati. Quest'esaltazione dell'operare pratico di contro alle teorizzazioni e agli ideali è, ovviamente, il contrassegno del conservatorismo. Nell'opera di Namier essa rappresenta la voce del Settecento, dell'Inghilterra al tempo dell'ascesa al trono di Giorgio III, che eleva la sua protesta contro l'imminente sopraggiungere della rivoluzione di Acton e del regno delle idee. Ma questo esprimere un totale conservatorismo sotto forma di totale empirismo è oggi estremamente diffuso. Nella sua forma piú immediata incontriamo ciò nell'osservazione del professor Trevor-Roper, secondo cui « quando i radicali gridano di avere senza dubbio la vittoria in mano, i conservatori, gente pratica, gli dànno una botta in testa »[2]. Il professor Oakeshott ci dà una versione piú raffinata di questo empirismo di moda, affermando che in politica « navighiamo un mare senza limiti e senza fondo », dove non vi sono « né punti di partenza né approdi preordinati », e in cui l'unico scopo è rappresentato « dal tenersi tranquillamente a galla »[3]. Non c'è bisogno di continuare l'elenco di coloro che in tempi recenti hanno condannato l'« utopismo » e il « messianismo » in politica – parole, queste, a cui si usa ormai ricorrere comunemente per bollare le idee radicali e le prospettive ampie sul futuro della società. Analogamente, non cercherò di esaminare le tendenze che si sono diffuse recentemente tra gli storici e gli ideologi statunitensi, che hanno dato prova di essere meno inibiti dei colleghi inglesi nel proclamare apertamente la propria

[1] Cfr. sopra, p. 44.
[2] « Encounter », VII, n. 6, giugno 1957, p. 17.
[3] M. OAKESHOTT, *Political Education*, 1951, p. 22.

adesione al conservatorismo. Citerò soltanto una frase di uno dei piú autorevoli e moderati conservatori americani, il professor Samuel Morison di Harvard, che in un discorso tenuto nel dicembre 1950 alla American Historical Association, di cui è presidente, affermò essere giunto il tempo di reagire contro quella ch'egli definí « linea Jefferson-Jackson - F. D. Roosevelt », e auspicò una storia degli Stati Uniti « scritta da un punto di vista sanamente conservatore »[1].

Ma colui che, almeno in Inghilterra, ha espresso ancora una volta questa cauta concezione conservatrice nella sua forma piú chiara e rigorosa, è il professor Popper. Riecheggiando il rifiuto namieriano dei « programmi e degli ideali », egli attacca le politiche il cui scopo presunto è di « rimodellare il "complesso della società" secondo un piano definito », mentre loda quelli che definisce « interventi sporadici sulla società », e apparentemente non si sottrae all'accusa di « accomodare un po' qua un po' là » e di « fare una gran confusione »[2]. Su un punto, in verità, devo render giustizia al professor Popper. Egli resta un vigoroso difensore della ragione, e vuol tenersi lontano dalle civetterie, passate o presenti, con l'irrazionalismo. Ma se esaminiamo la sua ricetta di « interventi sporadici sulla società » vediamo che la funzione che egli assegna alla ragione è alquanto limitata. Anche se questi « interventi sporadici » non vengono definiti con troppa precisione, Popper specifica che ogni critica dei « fini » è esclusa; e i cauti esempi ch'egli fornisce delle attività da lui considerate legittime – la « riforma della costituzione » e « una tendenza verso una piú equa distribuzione delle entrate » – mostrano chiaramente che si vuol operare all'interno dei presupposti della società attuale[3]. Nella prospettiva del professor Popper la posizione della ragione corrisponde, di fatto, piuttosto a quella di un funzionario dell'amministrazione statale inglese, che ha il compito di porre in atto la politica del governo in carica e anche di proporre mi-

[1] « American Historical Review », LVI, n. 2 (gennaio 1951), pp. 272-73.
[2] K. POPPER, *The Poverty of Historicism*, 1957, pp. 67, 74.
[3] *Ibid.*, pp. 64, 68.

glioramenti pratici per agevolarne l'attuazione, ma non quello di metterne in dubbio i presupposti fondamentali o gli scopi ultimi. Si tratta di un'attività utile: anch'io, ai miei tempi, ho lavorato nell'amministrazione statale. Ma questa subordinazione della ragione alle condizioni poste dall'ordine esistente mi sembra, a lungo andare, del tutto inaccettabile. Non è in questi termini che Acton pensava alla ragione, allorché proponeva l'equazione rivoluzione = liberismo = regno delle idee. Nella storia umana il progresso, sia che si trattasse di progresso scientifico, o storiografico, o sociale, si è attuato fondamentalmente grazie all'audacia e alla tempestività di individui che non si limitavano a cercare di introdurre miglioramenti qua e là, ma avanzavano in nome della ragione contestazioni radicali dell'ordine esistente e dei suoi presupposti espliciti o impliciti. Mi auguro che venga un giorno in cui gli storici, i sociologi e i teorici della politica del mondo anglosassone riacquistino il coraggio necessario per svolgere questo compito.

Tuttavia, ciò che mi preoccupa di piú non è l'affievolirsi della fede nella ragione tra gli intellettuali e gli ideologi del mondo anglosassone, bensí la perdita del senso profondo che il mondo è in perpetuo divenire. A prima vista quest'affermazione sembra paradossale, giacché di rado si sono sentiti tanti discorsi superficiali sulle trasformazioni che si verificano attorno a noi. Ma ciò che importa è che il divenire non è piú considerato una meta, una nuova possibilità, un progresso, bensí un oggetto di apprensione. Allorché i nostri savi della politica e dell'economia ci porgono le loro ricette, non hanno niente da proporci tranne l'avvertimento di diffidare delle idee radicali e delle prospettive ampie, di evitare tutto ciò che arieggia la rivoluzione, e di progredire – se dobbiamo progredire – il piú lentamente e cautamente possibile. In un momento in cui il mondo sta mutando aspetto piú rapidamente e profondamente di quanto abbia fatto negli ultimi quattro secoli, questo atteggiamento mi sembra ispirato a una singolare cecità, che dà adito al timore, non già che questo movimento di portata mondiale si arresti, ma che il nostro paese – e forse altri paesi di lingua inglese – non riesca a reggere il passo del progresso generale, per ricadere, tra la generale indifferenza, in uno stato di inerzia nostalgica. Per quanto mi riguarda, resto ottimista; e quando Lewis Namier mi ammonirà di guardarmi dai programmi e dagli ideali, il professor Oakeshott mi informerà che stiamo andando non si sa bene dove e che l'unica cosa che importi è di badare che nessuno rovesci la nave, il professor Popper vorrà conservare il vecchio macinino introducendo qualche riparazione qua e là, il professor Trevor-Roper darà botte in testa ai radicali che gridano vittoria, e il professor Morison auspicherà una storia scritta in uno spirito sanamente conservatore, allora volgerò gli occhi su un mondo in tumulto e gravido di elementi rinnovatori, e risponderò con le antiche parole di un grande scienziato: « Eppur si muove ».

Indice dei nomi

Stampato per conto della Casa editrice Einaudi
presso ELCOGRAF S.p.A. - Stabilimento di Cles (Tn)

C.L. 15481

Ristampa						Anno	
13	14	15	16	17	2019	2020	2021